JN060294

図解入門
How-nual
Visual Guide Book

よくわかる 最新

ピンボック

PMBOK

第7版の活用

プロジェクトマネジメント標準の最新トレンド

PMアソシエイツ株式会社 **鈴木安而 著**

秀和システム

はじめに

当書籍の目的と使い方

　プロジェクトマネジメント協会日本支部（PMI日本支部）からPMBOKガイド第7版（以下、第7版と称する）日本語版が出版され大きな反響を呼んでいます。第7版の内容が従来の版から大幅に変わったのがその大きな要因ですが、書籍としての体裁も変わりました。PMBOKガイドの歴史における大きな変換点を迎えたとも言えます。1996年に第1版が刊行され、ANSIのルールに沿って4～5年おきに出版され、第6版が出版されたのが2017年でした。この間PMIが守り続けてきたプロセスベースの記述方式をコンセプトや原理・原則ベースの表現に変えたのでした。そのためにページ数が約半分になって保管や持ち運びには便利になった反面、プロジェクトの現場では使いにくい、という声が聞こえます。

　そこで当書籍では、第7版の内容を具体的に解説するとともに、その内容をプロジェクトの現場で「どう使うのか」について筆者の考え方に基づいて紹介します。

　筆者は、第4版から第7版までの日本語版の翻訳と監訳に携わってまいりましたし、特に第5版では当該事項専門家（SME；Subject Matter Expert）として「統合マネジメント領域」のレビューを担当し、PMBOKガイド英語版の開発にも関与してまいりました。それらの経験から得られた知見を読者にフィードバックする目的で、第7版が変わったいきさつなどを含めて、現場でお役に立つようにわかりやすく表現いたしました。

PMBOKガイド第7版の本質的理解

　第7版は確かに大きな変化を遂げましたが、それはプロジェクトマネジメントの歴史を紐解けば当然の帰結でありました。近代的プロジェクトと言われ始めて幾多のプロジェクトが成功を収めてきましたが、その代表例が1940年代の「マンハッタン計画」や1960年代の「アポロ計画」でした。それらの管理手法は、20世紀初めに確立された「管理工学」に基づいており、いわゆる「モノづくり」を核とした「QCD（品質・コスト・納期）」が管理項目の中心だったのです。その開発手法として提唱されたのが、いわゆる「ウォーターフォール型」です。プロジェクトを5つのフェーズに分けて運営する開発手法で、WWロイスによって1970年に発表されて以来、プロジェクト運営の基本となってきました。

その「ウォーターフォール型」も万能ではありません。1970年代はコンピューターの発展によってIT産業が花開きました。そしてソフトウエア開発では、顧客には作業や成果物が「見えない」という問題が浮かび上がってきました。それを解決するための「スパイラル型」開発手法が発表されたのは1985年でした。さらにインターネットが一般に広く行き渡り、「Windows95」の爆発的な売れ行きもあり、いわゆる「Eコマース」全盛を迎えました。そのビジネスを支えるために「ソフトウエア開発」プロジェクトが多忙を極めることになるのですが、ソフトウエア技術者の不足も相まって、さまざまな問題が持ち上がりました。そのことをうまく言い表したのがエドワード・ヨードン著の「デスマーチ」でした。ヨードン氏は、ソフトウエア開発の困難性を太平洋戦争時の日本軍の残虐性になぞらえて「デスマーチ」と評したのです。曰く「ソフトウエア開発は死の行進である」と。要するに「QCD」を達成するために人（開発者）が犠牲になったのでした。

　そこで幾人もの先達が立ち上がったのです。「いいものを作るために我々が犠牲にされていいのか」、「開発者も発注者も幸せになる方法はないものか」といった議論が沸騰し、実験を重ねながらプロジェクト運営の新しい手法を開発したのです。その代表がケント・ベックによる「エクストリーム・プログラミング（XP：Extreme Programing）」であり、顧客も開発者も満足できる手法として書籍が発刊されたのが2000年です。この時期は、他にもいくつかの手法が開発され発表されたものです。そして仲間が集まって「アジャイル宣言」を発表したのが2001年でした。

　この間、PMIは相変わらずウォーターフォール型を軸としたPMBOKガイドを発表し、第6版まで発展させてきました。当然ウォーターフォール型のプロジェクトマネジメントも同時に発展していたので、それを標準やガイドとしてまとめると800ページほどになってしまいました。重量も2kgほどです。ところが、世の中ではソフトウエア開発の手法として「アジャイル」が多くを占めるようになってきた、という事実は否めません。一度は第5版のときに、アジャイルの手法をPMBOKガイドに取り込もうとして「ソフトウエア拡張版」を作成し発行したのですが、実務者にはあまり理解されたとは言えなかったようです。そこで第6版では「アジャイル実務ガイド」をアジャイル・アライアンス機構に執筆依頼し、第6版の付録のように抱き合わせて出版することにしたのです。したがって2冊の本がバンドルされたようになり、合計1000ページを超える本となってしまったのです。

　XPをはじめとする多くのアジャイル手法にもプロセスが定義されています。

それらを含めて表現するとなると、その構成は百科事典並みになってしまいます。それでは実用書とは言えないので、アジャイルもウォーターフォールも開発手法のひとつである、という考え方を採用して、共通した考え方やプロジェクト成功のポイントを抜き出してプロジェクトマネジメントの基本としたのが第7版です。

プロジェクト実務への適応

　企業の多くは、PMBOKガイドに記述されているプロセスを参考として、標準化を進めています。ということは、第7版にプロセス記述やツールと技法が無くなってしまうと、参考にする基準がないので困る人が出てきます。そこでPMIは、PMIStandardPlus™というWebサイトを立上げて、そこに具体的なテンプレートやツールと技法を収納して公開したのです。現在でもウォーターフォールのプロセスを重視するプロジェクトが多いのも事実であり必要なことなので、その部分を解説した「Process Groups：A Practice Guide（プロセスグループ実務ガイド）」を2022年10月に発表しました。内容は第6版における5つのプロセス群に準拠しています。この実務ガイドはまさにウォーターフォール型なので、これと数あるアジャイル手法のプロセスの中から、現場で施工するプロジェクトに適した手法を選ぶ、ということになります。この考え方をPMBOKガイドでは「テーラリング」と称していて、第1版から変わらない基本的な考え方です。

　第7版では、プロジェクトマネジメント標準の部分を「原理・原則（Principle）」としてプロジェクトにおける12の行動指針を定義しています。そしてプロジェクトマネジメント知識体系ガイドの部分では実務的な「8つのパフォーマンス領域」を定義して、プロジェクト運営のガイドとしています。要するに、各パフォーマンス領域における活動の行動指針が原理・原則になっているのです。ただし前述したようにプロセス表現にはなっていないので、時系列な説明ではありません。PMIは、成果を出すために効果的なプロセスを、現場が最もやりやすい方法として自分たちで組み立てることを期待しています。そうはいってもなかなか困難なことなので、各パフォーマンス領域には、活動によって「期待される成果」と、「活動の結果を評価する」部分が構成されています。それでもコンセプトベースであることは間違いないので、実際のプロジェクトで即使用できるかというと難しいでしょう。この部分も各プロジェクトの特性に合わせて書き換える必要があります。本書ではその部分についてなるべく具体的な説明を加

えて、実務に役立てるように解説しました。

プロジェクト用語の理解

　PMBOKガイドの読者から、「PMBOKガイドの用語は難しい」という声をいただくことが多々あります。英語から日本語に訳す場合に1対1にはならない語彙が多く、翻訳として最も苦労の多いところですが、そもそもPMBOKガイドの目的のひとつに「世界中のプロジェクト用語の統一」があります。グローバル・プロジェクトのみならず、国内プロジェクトであっても用語解釈の違いによる齟齬が対立や訴訟の原因の多くを占めております。この問題を少しでも防ぐために用語を統一する必要があることは言うまでもありません。そこでPMIは、まず英語を基本として用語の統一を図ったのです。ですから企業文化によってさまざまな意味で用語を使うことは構いませんが、プロジェクトに関する用語はぜひPMBOKガイドに記載されたように使っていただきたいものです。

2023年7月

鈴木安而

図解入門

図解入門
よくわかる最新

PMBOK 第7版の活用

CONTENTS

はじめに 3

第1章 PMBOKガイドの目的

1-1　世界にある優れた実務慣行の勧め 12
1-2　用語や考え方の統一 13
1-3　標準化の弊害からの脱却 14
1-4　対象読者 16

第2章 PMBOKガイド第7版の裏側

2-1　PMBOKガイドの歴史と日本語版 18
2-2　デスマーチからの脱却とアジャイルの台頭 29
2-3　なぜウォーターフォールだったのか 32
2-4　事業価値実現の一翼を占めるプロジェクト 35

第3章 PMBOKガイド第7版の構成

3-1　第7版の構成の特徴 40
3-2　パート1：プロジェクトマネジメント標準 42
3-3　パート2：プロジェクトマネジメント知識体系ガイド 52

第**4**章 8つの活動領域の勘どころ①
開発アプローチ・パフォーマンス領域

4-1　領域の概要と活動の目的...58

4-2　活動のためのツールと技法...63

4-3　活動結果の評価...65

コラム　アジャイルが広まらないのは？...............................66

第**5**章 8つの活動領域の勘どころ②
ステークホルダー・パフォーマンス領域

5-1　領域の概要と活動の目的...68

5-2　活動のためのツールと技法...71

コラム　ありがちな相互コミュニケーションの問題.............73

5-3　活動結果の評価...74

第**6**章 8つの活動領域の勘どころ③
チーム・パフォーマンス領域

6-1　領域の概要と活動の目的...76

6-2　活動のためのツールと技法...88

6-3　活動結果の評価...94

第**7**章 8つの活動領域の勘どころ④
計画パフォーマンス領域

7-1　領域の概要と活動の目的...96

7-2　活動結果の評価...118

第8章 8つの活動領域の勘どころ⑤
プロジェクト作業パフォーマンス領域

8-1 領域の概要と活動の目的..120
8-2 活動結果の評価..131
コラム 「教訓登録簿」の意義..132

第9章 8つの活動領域の勘どころ⑥
デリバリー・パフォーマンス領域

9-1 領域の概要と活動の目的..134
コラム 筆者流「7つのムダ」..150
9-2 活動結果の評価..151
コラム 「適合のコスト」の価値..152

第10章 8つの活動領域の勘どころ⑦
測定パフォーマンス領域

10-1 領域の概要と活動の目的...154
10-2 活動結果の評価...178

第11章 8つの活動領域の勘どころ⑧
不確かさパフォーマンス領域

11-1 領域の概要と活動の目的...180
11-2 活動結果の評価...191

第12章 テーラリング

12-1 プロジェクトを仕立てるテーラリングの重要性 194

12-2 テーラリング・プロセス 198

12-3 各パフォーマンス領域のテーラリング 203

コラム SL理論を実践するときに注意したいこと 212

APPENDIX 付録

APPENDIX 1 モデル、方法、作成物の概要 214

APPENDIX 2 PMBOKガイド第7版の付属文書 216

索引 223

第 1 章

PMBOK ガイドの
目的

PMBOK ガイドは、優れた実務慣行と一般に認められてい
るプロジェクトマネジメント知識体系の一部を特定して、世の
中に紹介しています。その際に共通用語を定義し、コミュニケー
ションに齟齬がないようにしています。PMBOK ガイドは、決
して規律的実務慣行ではなく、模範的実務慣行なのです。こ
の章では、PMBOK ガイドが何を目的としたものなのか、説
いていきます。

1-1
世界にある優れた
実務慣行の勧め

　第6版までは、世の中に出版された図書や論文等あるいは成功事例を参考にし、優れた実務慣行を収集し、それらを体系化してPMBOKガイドを編集してきました。このことは、PMBOKガイドは理論書ではなく実務書であることを示しています。内容には米国のビジネスの実務慣行が反映されていることは確かなので、日本の読者にはわかりにくい部分があると思います。さらに米国のビジネス慣行では、プロジェクト・マネジャーは発注側にいてプロジェクト全体を取り仕切るので、日本のSIerに相当するビジネスは非常に少ないのです。ですからPMBOKガイドは、ほとんどが発注側の視点で記述されているのです。それでもプロジェクトマネジメントという観点では共通点が多いので、実務的には問題なく活用できます。別の言い方をしますと、ベンチマークなどをしなくても「成功事例がたくさん記載されているので便利だ」と考えればいいでしょう。

　第7版は「成功事例の共通点を概念レベルで表現したもの」と考えればよく、現場ではその観点に立って具体的なプロセスを決めなければなりません。その内容については本書の「プロジェクト作業パフォーマンス領域」の項で解説します。

1-2

用語や考え方の統一

　第7版では、ウォーターフォール型を「従来型」や「予測型（Predictive）」あるいは「計画駆動型（Plan driven）」と呼んでおり、さまざまなアジャイル型をまとめて「適応型（Adaptive）」と呼んでいます。そもそも1970年にWWロイスがウォーターフォール型を発表したときにはフェーズを定義したのであって名称を定義したのではありません。そのフェーズの並び方の図が「滝のように流れる」ように見えたので、後になって命名されたものです。プロジェクトの進め方として、事前に詳細な計画を策定してから制作にかかることから「計画駆動型」や「予測型」とも呼ばれるようになったのですが、それは世の中にアジャイルが台頭してきたので、それと区別するために表現されたのです。

　アジャイルは原語がAgileなのでAgility（機敏さ、敏捷）と同様な意味を持ちますが、プロジェクトのアジャイルは、主として「Adaptive（適応）」を捉えた表現としています。要するに「変化への敏捷な適応」という意味です。そこから誤解されてしまうケースが見受けられます。例えば「アジャイルだからすぐに答えを出せ」とか「変更要求には即対応しなければならない」というように解釈する向きがあって問題を起こしています。アジャイルだからと言って答えがすぐに出せる訳がありませんし、要求された変更を即実行する訳でもありません。例えばソフトウエア開発の現場で、アジャイルだからコーディングが早くできるとか、テストが早くできるということはありません。それができるくらいならばウォーターフォール型であってもできています。要するに現場での作業とプロジェクト全体の運営とを混同しているのでしょう。そこは明確にしたいものです。現場作業はモノ（あるいはコト）づくりプロセスとしての管理がなされますが、プロジェクトの運営は組織運営と同じで全体最適管理が求められます。「QCD」というのはあくまでモノづくりの管理項目です。

1-3

標準化の弊害からの脱却

　組織にはいろいろな標準が定められていることがありますが、それは仕事の合理化や作業の効率化のために必要なことです。業界や分野によって「標準化」の意味が少し異なるので、ここではプロジェクトマネジメントの世界で考えてみましょう。

　一般に、「定義された標準に従う」というように理解するので、組織が持っている「プロジェクト標準に沿って」仕事を進めることになります。この「プロジェクト標準に沿って」という意味は、本来は、「プロジェクト標準を参考にして」という「ガイド」のことですが、往々にして「プロジェクト標準通りに」というように解釈されてしまいがちです。「標準化」が「義務化」になってしまうことになります。

　「標準化」には対象とする業務を定義する必要があります。極端な例ですが、社長の業務を「標準化」することはありません。その下のレベルの経営層の業務も「標準化」はしません。一般的な管理業務の中の定型化されている部分は対象になるでしょうが、広い意味での管理職としての仕事を標準化することはないでしょう。ではどのレベルの仕事を「標準化」の対象にするのかという疑問が湧いてきます。通常は、効率化可能な「作業工程」や「プロセス」を持つ定型化された仕事が対象になります。

　さてプロジェクトの世界ではどうでしょうか。ここには「マネジメント」という業務と「開発」という作業があります。開発業務には技術的な要素が多く、多くの作業が標準化の対象となるでしょう。「マネジメント」はどうでしょうか。「マネジメント」を「管理」と表現する向きもありますが、本来、「マネジメント」は「経営」を表す用語であり、「マネジャー」は「経営者」です。「管理」という用語も広い意味を持ちますが、一般にはかなり狭い意味に使われることが多いので、誤解のないようにPMBOKガイドでは「変更管理」のような特定の活動に限定して適用しています。

　さらに、プロジェクトは「一定の期間および一定の予算枠のなかで、期待された成果を出すための活動」とも言えます。これはまさに企業経営に他なりません。またプロジェクトの独自性という特性から、多くのリスクや不確実性に対処する必要があります。つまり、この「マネジメント」の部分を定型化することはあまり意味がないのです。言い換えると、それぞれの環境要素に適したマネジメント手法を採用する必要がある、ということになります。そのためには「義務化」や「規則化」ではなく、本来「ガイド」の意味を持つ「標準化」が必要なのです。往々にしてプロジェクトをレビューする監理・監督側の論理で決められがちですが、現場側が最も効率的で効果的に運営できる手法を採用するべきでしょう。

　具体的な例を挙げてみましょう。「うちではウォーターフォールが標準だからそれに従え」と義務付けられている組織では、要求事項の変化やビジネスの環境変化に対応できなくなって破綻するプロジェクトが数多くあります。プロジェクト手法は環境の変化に適応できるものでなくてはなりません。そこから「アジャイル手法」が発展してきたのです。PMBOKガイドの世界では、この考え方を「テーラリング」と称しています。ただし、現場側がそれ相応の知識やスキルを持たなければならないことは自明の理です。

1-4

対象読者

　PMBOKガイドの対象読者はプロジェクトに関わる人々です。一見当たり前のことですが、第6版までは、どちらかというとプロジェクト・マネジャーを主体とした表現になっていました。第7版ではプロジェクトのスタッフも含めて、すべてのステークホルダーを対象とした表現や構成になっています。例えば、付属文書にプロジェクト・スポンサーの役割を記述しています。これはPMBOKガイドの歴史上初めてのことです。

第 2 章

PMBOK ガイド 第 7 版の裏側

第 1 章では、PMBOK ガイドの目的について説きました。

この章では、その PMBOK ガイドの最新である第 7 版が発行

されるに至った背景を説いていきます。

2-1
PMBOKガイドの歴史と日本語版

この節では、最初のPMBOKガイドが発行され、第7版に至るまでの歴史を振り返っていきます。

▶▶ PMBOK「ガイド」の背景

1983年にはじめてPMBOKが発表されたときには「ガイド」という表記はありませんでした。この版の特徴は「倫理、標準、認証」に焦点を当てた内容で、さらに「知識エリア」という概念を打ち出したことです。知識エリアは一般に言うところの「管理領域」に相当します。要するに、旧来の「QCD：品質・コスト・納期」中心の管理から「全体最適管理」へと幅を広げたわけです。

QCD中心の管理では、他の管理項目が疎かになってしまいがちです。例えばプロジェクト・メンバーという知的資源にあまりに負荷をかけすぎて「デスマーチ」が起こってしまったことからの反省を踏まえ、6つの知識エリア（スコープ、タイム、コスト、品質、人的資源、コミュニケーション）が設定されました。これらの知識エリアをバランスよく管理することが重要であるとしたわけです。QCD以外にも重要な管理項目があるので、それらを含めた形で知識エリアという管理領域が定義されているのです。

3年後の1986年にはさらに3つの知識エリア（統合、リスク、契約・調達）を追加して、9つの知識エリアが確立されました。これは第5版で「ステークホルダー・マネジメント」領域が追加されて10個になるまで、継続されることになります。

▶▶ 最初のPMBOKガイド

そして10年後の1996年に正式に「PMBOKガイド」として第1版が発行されました（図2-1）。

「ガイド」という言葉を追加したのは、プロジェクトにおけるすべてを記述しているわけではない、ということからプロジェクトの参考書であることを明確にした

かったのです。要するに規定でも義務でもない、ということで、たとえば旅行のガイドブックなどと同じような位置付けだということです。このバージョンから日本語版への翻訳が始まりました。翻訳活動に携わったのは、エンジニアリング振興協会の人たちで、田中弘さんを中心として8名のメンバーで構成されています。メンバーの多くが「日揮株式会社」の方々であったことが特徴です。このときの翻訳には、プロジェクトに関する初めての翻訳ということもあり、苦労された跡がしのばれます。

　翻訳にもいくつかの特徴がありますが、後に問題となる「アクティビティ」を「作業」と翻訳しています。私個人としては、これは正しい翻訳だと思っていますが、そうすると「Work」が訳せなくなります。そこで「ワーク」というカタカナと「作業」という日本語を使い分けるという苦肉の策が採られています。

図2-1　PMBOKガイド第1版

▶▶ PMBOKガイド第2版

　そして2000年には第2版が発行されたわけです（図2-2）。このときにはPMI日本支部の前身である「東京支部」が設立されていたので、支部の活動の一環として翻訳チームが編成されました。総勢29名ということで、まとめるのが大変だったろうな、というのが筆者の偽らざる感想です。このときのリーダーは財団法人建設試験センターの中村翰太郎さんでした。サブPMとして、後に東京支部の事務局長となられる清水計雄さんが参加されていました。

　このバージョンではリスク・マネジメント領域のプロセスが追加され、しっかりと計画を立てる必要性が強調されたものです。翻訳は、第1版の見直しから始め、用語の再検討が行われました。特にIT産業からの参加メンバーが多くなったので、IT産業における用語や使い方が多く取り入れられました。その中でも「Deliverables」を「要素成果物」と翻訳したことが特徴的で、これは、サブPMの清水さんの発案だと聞いています。これは、最終成果物を表現するWBSの構成要素を表現する考え方として、新しく作った、いわゆる「造語」でした。一般用語ではなかったので、初めてPMBOKガイドを読む人にとっては「わかりにくい」という評価をいただいてしまったので、第5版では使用を止めたという経緯があります。

　特徴のひとつに、例の「ワーク」と「アクティビティ」の関係があります。このときの翻訳ではWBSを中心に捉えて、ワーク・ブレークダウン・ストラクチャーの「ワーク」に「作業」を充てたので、「アクティビティ」を「作業」とすることができなくなってしまい、カタカナの「アクティビティ」にしたのです。ちなみに中国語PMBOKガイドでは「アクティビティ」を「作業」として「ワーク」を「工作」としてありますが、日本語としては「工作」は充てにくいので採用しませんでした。実際、英語のニュアンスでは、「ワーク」は「アクティビティ」とその「結果」を含んでいます。

　もともとWBSは、米国の国防総省が考案したベンダーとのコミュニケーション・ツールなので、WBSの要素は「成果物」で表現することが基本です。そうはいっても、ウォーターフォール型におけるフェーズをWBSの第1レベルに記述するようになったり、IT産業で使われるようになったりして、成果物ではなく「活動」で表現されるようになってきたという経緯もあります。

図2-2 PMBOKガイド第2版

PMBOKガイド第3版

　そして4年後には第3版が発行されました（図2-3）。

　このときの翻訳には支部は直接関与せずに、PMIから清水計雄さん個人に直接依頼されました。清水さんはボランティアを募集し、18名のチームを率いて活動され大変なご苦労をされたと聞いております。それはともかくとして、このバージョンでは多くの変更がなされたのが特徴です。

　翻訳としては、第2版を踏襲していましたが、多くは現在も使われている用語集の基本となっています。説明責任と実行責任を明確に分けたり、妥当性確認と検証と検査との違いを明確にしたり、という特徴があります。この時点では「パフォーマンス」は「実績」になっていますし、「リスク識別」になっていますが、これも変わっていきます。

図2-3 PMBOKガイド第3版

▶▶ PMBOKガイド第4版

　そして第4版の登場です（図2-4）。

　このときも支部は直接関与せずに、PMIから清水計雄さん個人への依頼と言う形をとっています。第3版のときの反省を踏まえて、清水さんはメンバーを10名に限定しました。実は筆者が参加させていただいたのがこのバージョンからです。プロセスに「要求事項収集」が追加されて、プロジェクト・マネジャーとビジネスアナリストとの協業が明示されました。

　翻訳の基本は第3版の踏襲ですが、多くの部分を見直しました。「リスク識別」を「リスク特定」に替えました。原語は「Identify Risk」で同じですが、「Aというリスクを識別する」という表現よりも、「このプロジェクトのリスクとして特定する」という表現の方がわかりやすい、との判断からです。これで第1版と同じ訳に戻りました。

　新しい用語として「SME」や「Confronting」が出てきました。SME（Subject Matter Expert）には確定された日本語が無かったので「当該分野専門家」としましたが、この訳はその後一般化されました。「Confronting」は、第7版に登場するケネス・トーマスとラルフ・キルマンの論文が出所だったので「対峙」としましたが、その後変わっていきます。

図2-4　PMBOKガイド第4版

▶▶ PMBOKガイド第5版

　第5版は英語版が予定よりも1年遅れて発行されました（図2-5）。

　このバージョンから筆者が翻訳リーダーを仰せつかったのですが、支部としては事務局長の田坂さんがPMIとのインターフェィスとして参加されました。このときは13名のボランティアでチームを構成し、それも東京と大阪に分かれたバーチャル・チームでした。

　このバージョンではひとつの知識エリアが追加され10個となったのが大きな変化です。筆者自身、英語版の開発メンバーの一人としてSMEに任命され、「統合マネジメント」のレビューを担当したのでした。その開発の途中でISO21500というプロジェクトマネジメント標準がISOから発表されたので、それに準拠させるべく「ステークホルダー・マネジメント」という知識エリアが急遽できあがったのです。準拠という意味では、ISO21500では「資源マネジメント」という領域を定義して「人」を含めた「資源」という巾広い領域を定義してきたのですが、第5版では、それに対応する時間がなかったので、それへの対応は第6版でということになったのです。

　ここでの翻訳の特徴は、「要素成果物」を止めて「成果物」にしたことが大きな変更でした。この変更については「要素成果物」の発案者である清水さんにもお許しをいただきました。

　さらに筆者が悩んだのが「エンゲージメント」です。この言葉は、英語圏では

通常よく使われていて、さまざまな意味に使われています。たまたまフランスで翻訳活動のキックオフ会議があって参加してきましたが、そのときの挨拶で「日本ではエンゲージメントというとエンゲージリングが一般的だ」という話をしたら、ジョークを言ったかのように笑われてしまいました。この言葉は、元来「相手を拘束する」というニュアンスを持つ言葉なので、そこから「約束」とか「婚約」とかというように使われていますが、「責務」「債務」「雇用」「契約」「戦い」などの意味でも使われています。このような背景からPMBOKガイドでは「ステークホルダーを巻き込む」という意味を込めて「積極的に関与する」という意味で使うことにしたのです。ちなみに中国語では積極的に参加するという意味で「参与」という漢字を充てていますが、日本では「参与」は役職や肩書に使われるので採用しませんでした。他には、作業パフォーマンス・データ、作業パフォーマンス情報、作業パフォーマンス報告書の元になったDIKWモデルの採用などが特徴的です。

　第5版には別冊として発行された拡張版があります。拡張版には「建設拡張版」、「官公庁拡張版」、「ソフトウエア拡張版」など業種別の英語版がありますが、日本では翻訳されてきませんでした。ただIT産業では、2000年以降確立されてきた「アジャイル型」プロジェクトが発展してきているので、PMI日本支部としては「ソフトウエア拡張版」を翻訳し発売することに決めました。実は、後日、建設拡張版も翻訳することになります。このソフトウエア拡張版はPMIとIEEEとの協業で開発したもので、アジャイル手法をPMBOKガイドのプロセスにどう反映させるか、あるいはどう理解するべきか、について解説したものです。これは大きなチャレンジでした。例えばアジャイルの用語には統一性がなく、主に「スクラム」の用語を中心に据えて翻訳・監訳したのでした。

図2-5　PMBOKガイド第5版

▶▶ PMBOKガイド第6版

　いよいよプロセスベースの最後の版となる第6版の登場です（図2-6）。

　筆者がリーダーに指名されましたが、このときの翻訳活動には支部は関与せず、初めてすべての活動がPMI本部の主導で行われました。第5版の遅れの教訓から、担当する10か国語のメンバーがヨーロッパのホテルに召集され、一堂に会し、4日間の缶詰を4回繰り返すという活動が行われました。実際、仕事を持つ身としてはスケジューリングに苦労したものです。あくまでボランティア活動なので、旅費はPMIから出ますがそれ以外は出ません。それでも各国のメンバーとの交流を楽しみながら頑張ったといういい思い出が残りました。各国のメンバーは8名ですが、メンバー数はPMIからの制約条件でもありました。

　ここでの特徴は、第5版の見直しとアジャイル用語の採用にあります。さらにプロセス名に「の」を追加したことも特徴でしょう。なぜそうしたかと言いますと、「コミュニケーション・マネジメント」と「品質マネジメント」の英語表記の変更に原因があります。たとえば、知識エリアの品質マネジメントの英語は「Quality Management」ですが、「品質保証」プロセスの英語名「Quality Assurance」が「Manage Quality」に替わったことが発端です。このプロセス名を日本語にしますと「品質マネジメント」になってしまって、知識エリアと同じ名称になってしまうのです。

　動詞を先にもってくる、というアイデアもありましたが、PMBOKガイドの歴史

からあまり逸脱しないようにするためにそれはやめました。そこでプロセス名と知識エリアの名称を区別するために、プロセス名称には「の」を追加したのです。当初は、品質とコミュニケーションだけにしようかとも考えたのですが、わかりにくいので、思い切って基本的にすべてのプロセス名称に「の」を入れました。例外は「統合変更管理」だけです。

　PMIが主導した翻訳でしたが、大きな失敗がありました。それは、われわれのチームは本文の監訳が活動範囲になっていて、図版を含む図書としての全体の質をみるという活動を任されていなかったのです。その部分は、米国にいる翻訳会社が実施するという役割になっていたのです。私はキックオフ会議でそれを指摘して、品質レビューに参加できるように強く主張したのですが聞き入れてもらえませんでした。というか、そんな主張をするのは日本だけだったのです。結果として本文と図表が違っていたり、ページ・レイアウトが崩れていたりと、大変なものが出版されてしまいました。そこで急遽それらの修正をおこなって第2刷に反映させたのでした。そこで、その反省を込めてPMI本部の会長に直談判し、次からは日本側主体で出版させてくれと頼みこみました。その甲斐あって、第7版の日本語版は基本的に日本側主体で開発することになったのです。

　第6版のもうひとつの特徴には、アジャイル実務ガイドの同梱があります。これはPMIとアジャイル・アライアンスとの共同開発で作成されたものです。内容的にはアジャイルの紹介であり、詳細ではありませんが、プロセスベースに慣れ親しんできた人々にとってはアジャイルを理解するに十分な内容になっていますし、PMP試験にも反映されています。このときの翻訳は、一応アジャイルの経験があるメンバーを率いて筆者がリーダーを担うことになったのですが、実は筆者が搭乗する予定の飛行機が故障で羽田から飛びたてず、リーダーでありながら参加が2日遅れということになってしまったので、ほとんどメンバー任せにしてしまったという苦い経験がありました。それはともかくとして、ここでは誤解しやすい「アジリティ」と「アジャイル」の違いを明確にしたつもりです。

図2-6　PMBOKガイド第6版

▶▶ PMBOKガイド第7版

　いよいよ第7版の登場です（図2-7）。

　第6版における苦い経験をもとに日本側の態勢を作り直しました。翻訳・監訳については、あくまでボランティア活動ではありますが、プロフェッショナルに近い精鋭4人組の態勢とし、製作側にPMI日本支部の事務局スタッフ2名が参加することになりました。要するに、米国PMI本部は一次翻訳だけの役割で、製作も含めて基本的に日本側に任せる、という体制にしたのです。内容的には、過去のプロセスベースから脱却するという思い切った改革に出ました。筆者は第7版英語版のドラフト・レビューから参加していましたが、「標準」の部分だけがドラフト・レビューとして公開されて、「ガイド」の部分は最後まで公開されませんでした。それでも内容を理解するよう努めながら監訳したものです。

　今回の方針としては、読みやすく、手に取りやすいこととしました。つまり従来のPMI本部主導の直訳型にこだわらず、日本語としての読みやすさにこだわったのです。さらに本の大きさも一般の書店の棚に収めやすいB5版としました。これで持ち運びにも便利で、日本文化とも言われる電車内での読書が可能なようにしたつもりです。

　翻訳としては目新しいところはあまりないのですが、「Artifacts」を作成物としました。実は第6版までは「文書類」としていたのですが、第7版では文書以外の成果物が含まれることから、替えたのです。また第4版で「対峙」とした

「Confronting」ですが、文脈から「対峙」が使いにくかったのと、若い人には慣れない漢字であるという点から、今回は「直面」にしてあります。「セイリエンス・モデル」も第6版で「突出モデル」としたのですが、これでは狭い意味になってしまうという観点から別の訳を検討したのですが、いい言葉が探せなくてカタカナのままにしたという経緯があります。また第7版では「Delivery：デリバリー」がいろいろな場面で使われるので、ひとつの訳に限定しない方が良いという観点で、文脈によって使い分けています。

図2-7　PMBOKガイド第7版

2-2

デスマーチからの脱却と
アジャイルの台頭

　この節では、なぜアジャイルが登場したか、アジャイルの手法にはどのようなものがあるのか説きます。

▶▶ アジャイルとは

　第7版の本質的理解の節でも述べましたが、ウォーターフォール型で発生したデスマーチを防ぐために考え出されたのが**アジャイル型**です。そもそもは「ソフトウエア開発は死の行進である」と言われたIT産業を対象とした開発手法ですが、「変化への適応」を主題とした考え方が受け入れられるようになって、他の産業にも採用されるようになってきました。2001年にアジャイル宣言が出されて以降、さまざまなアジャイル手法が発表され、発展してきました。その結果「アジャイルを始めよう！」という場合には、「アジャイル手法のうちどれを採用するのか」という課題が生まれてきたのです。

▶▶ アジャイルの主な手法

　主な手法には、DSDM、FDD（Feature Driven Development：フィーチャー駆動開発）、スクラム、リーン、カンバン、SAFe、DA（Disciplined Agile：ディシプリンドアジャイル）などがあります。特にFDDは顧客第一主義を標榜し、顧客と開発者とのコミュニケーションを重視した開発手法で、後の開発手法に大きな影響を与えています。「Feature：フィーチャー」という用語は、映画などで使われる「フィーチャリング」と同じで特徴や機能という意味がありますが、開発者の目線ではなく顧客の目線でマネジメントを行うことが特徴です。要するに、顧客が表現した要求事項をそのまま開発の単位や管理の対象とすることで、開発者独自の専門的な用語ではなく顧客にもわかりやすい用語と言えるのです。この考え方が、後に発表される「スクラム」に引き継がれていきます。

▶▶ アジャイルは日本型発想

　アジャイルの発想に大きな影響を及ぼしたものとして、1986年に野中郁次郎先生（現一橋大学名誉教授）と竹内弘高先生（現基督教大学理事長、ハーバード・ビジネス・スクール教授）がハーバード・ビジネスレビュー誌に投稿された論文（The new new product development game）があります。これには70年代から80年代の日本の製造業のプロジェクトの成功事例が紹介されています。その中に、日本人の働き方として「全員一丸となってスクラムを組んで働く」という様子が紹介されています。要するに、「チーム」という集団活動が基本であり、米国流の個人主義に基づく「リレー形式」あるいは「バトンタッチ方式」の働き方とは異なる、という内容です。この論文は欧米のプロジェクト実務家に読まれて影響を及ぼし、「スクラム」の元になったのです。

　「スクラム」というアジャイル開発手法は、実務家であるジェフ・サザーランドやケン・シュウェイバーらによって確立された手法です。彼らは野中先生たちの論文に触発されたと言っており、竹内先生によると、ジェフは自分自身を「スクラムの父」と言っていて、野中先生と竹内先生を「スクラムの爺」と言っているそうです。前出したXPを提唱したケント・ベックもこの論文に影響を受けたひとりです。この文献はもともと英語の論文ですが、日本語に翻訳されて「知識創造企業」というタイトルで東洋経済新報社から発刊されています。

　またトヨタ自動車の大野耐一氏が取り組んだ「カンバン方式」や「無駄の排除」はそのままアジャイル体系のひとつとしてプロセス化されました。「リーン・ソフトウエア開発」手法は、メアリー・ポッペンディークらがトヨタ生産方式を手本にして、ソフトウエア開発を成功させるための原則を基に具体的なプラクティスとしたもので、2003年に発表されました。「バリュー・ストリーム・マッピング」もこの手法のなかで提唱されたツールのひとつです。「カンバン方式」は、デビット・アンダーソンらが同じくトヨタの工程管理を研究して開発手法としてプロセスを確立し、発表したのが2010年でした。

　そして茶道の千利休が広めたと言われる「守破離」の思想があります。「守」は基本を守ることです。そこから自分なりの手法を見出していくことを「破」としていますが、現状に甘んじないという「ブレークスルー」に近い意味があります。そ

して「離」は自分なりに創りだした手法をもって独立することです。千利休は、さらに「独立しても基本を忘れないように」と説いています。この考え方をプロジェクトに当てはめて、アジャイル型プロジェクトにおける、レトロスペクティブ（振り返り）に基づく改善活動が定着したのです。この考え方は、アジャイルに限らずすべての活動に当てはまることでしょう。

2-3

なぜウォーターフォールだったのか

この節では、日本では主流のウォーターフォール型について、あらためて考察してみましょう。

▶▶ ウォーターフォール型のフェーズ

図2-8に示すように、ウォーターフォール型は5つのフェーズによって構成されています。

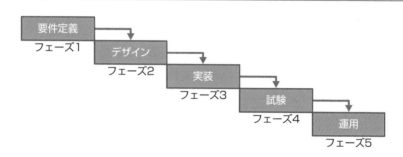

図2-8　ウォーターフォール型

その特徴は、次の通りです。

1. 原則として、前工程が完了したら次工程に進むことができる

工程間（フェーズ間）にゲート・レビューと呼ばれる関門を設けており、そのレビューに合格しないと次の工程には進めません。これは一種のガバナンスの仕組みです。レビューするのはプロジェクトの上位組織です。そこでしっかりレビューして、前進、中止、やり直し、留まる、などの意思決定を行います。

2. 前工程による成果物の品質を確保しやすい

ゲート・レビューにおける確認項目のひとつとしての品質検査は必須です。品質検査に合格したら、顧客の要求事項を基にした妥当性確認が行われます。それに合格したらプロジェクトの受入れということになって、顧客への引き渡しが行われ

ます。このように成果物検査は2段階になっているので品質が確保しやすいと言えます。

3. 進捗管理しやすい

　ゲート・レビューの確認項目のひとつは進捗管理です。進捗には、スコープという成果物と作業の出来高、スケジュールというタイムラインの進み具合、コストというプロジェクトへの投資とそれに応じた出来高、という3項目があります。それぞれプロジェクトのベースラインを構成する重要な管理基準であり、その状況をレビューして良し悪しを決定します。

　この仕組みがうまく回っていれば大きな問題にはならないはずですが、ゲート・レビュー自体の質にも原因があります。要するに事前に管理基準を明確にしておかなかったという課題があります。基準が明確でなければ感覚的あるいは主観的な判断に陥りやすいのです。

　もうひとつの原因は、図2-8のフェーズ1に示した「要求定義」の遅れです。一般に「要件定義」とも表現しますが、発注側やプロジェクトの成果物を使うことになる顧客（社内外）からの要求がなかなか決まらないことが多いのです。要求定義は請負側が責任を持って行うことではないので「請負契約」にはなりません。顧客から頼まれた場合には、通常「準委任契約」で要件定義書をとりまとめることになるでしょう。いずれにせよこの部分の遅れがプロジェクト全体の遅れに大きく影響するのです。

　通常、フェーズ1が遅れたからと言って納期をずらすことはほとんどありません。そこで図2-8のフェーズ2の「デザイン（設計）」や「実装」を早めに開始せざるを得なくなって、いわゆるファスト・トラッキングと呼ばれる並行作業が行われるのです。並行作業そのものは悪いことではありませんが、手戻りリスクを認識して事前対策を行う必要があります。失敗プロジェクトの多くは、ここのリスク対策が不完全なことが多いようです。

　こういう状況にもかかわらずウォーターフォール型にこだわるのは、最終成果物が明確であることを前提に予算化するからでしょう。この場合、予算を決めるということは仕様を決めることに相当します。ところが概要は比較的容易に決まるのですが、詳細はなかなか決まらないのです。発注側にしてみれば、プロジェクトの成

果物はビジネス遂行の手段やツールであって目的ではありません。その成果物の仕様を決めること自体が非常に困難なことなのです。だから時間がかかることは自明の理です。「だったら最終成果物は概略ビジョンに留めておいて、作りながら進めよう」と考えてもおかしくありません。

▶▶ アジャイルの発展とPMBOKガイドの発展

　ここまで述べてきたプロジェクトマネジメントに関する流れをアジャイルの発展とPMBOKガイドの発展という目で、図2-9のように年表にまとめてみました。西暦はおおよそ発表の年としていますので、異論があるかもしれませんが目安として参考にしてください。この表現の目的は、第7版でアジャイルとウォーターフォールが一本の流れになった様子を表すことです。

図2-9　プロジェクトマネジメントの歴史

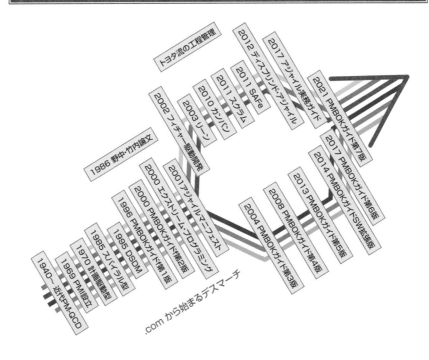

2-4
事業価値実現の
一翼を占めるプロジェクト

プロジェクト成果物は目的ではない、と述べました。それならば本来の目的をこの節では明確にしましょう。

▶▶ 企業活動におけるプロジェクトの位置づけ

企業活動におけるプロジェクトの位置づけは、ビジネス目標を達成するための手段やツールを提供することです。これを事業価値実現化サイクルとして表した図2-10を紹介します。

図2-10　事業価値実現化サイクル

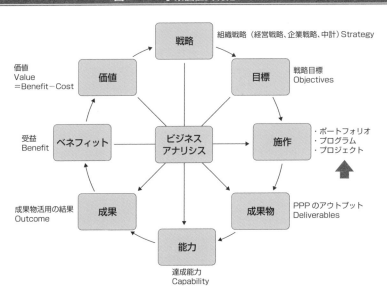

図2-10は、PMIが発表している「BRM：ベネフィット実現化マネジメント」の図に筆者が「ビジネスアナリシス」の部分を追加したものです。最上段の「戦略」から順次説明しましょう。

1. 戦略

　PMBOK ガイド的には「組織戦略」としていますが、対象は企業であっても公共団体であってもよいので「組織」と表現しています。そもそも組織自体の存在理由があるはずですが、一般の企業でしたら会社定款に記載されている項目があります。さらに組織存続のためには一般に「安定性」と「成長性」の両方が求められます。いずれにしても長期計画や短期計画が立案され、目標が設定されます。

2. 目標

　例えば3年の中期計画が策定され、その目標としては「売上高20％アップ」というような具体的な数字で表現されます。そしてその目標を達成するための施策が考えられたり、ソリューションが提案されたりして、具体的な投資計画が策定されます。

3. ポートフォリオ

　複数のアイデアがあっても、それを実行するためには相応の資源（ヒト・モノ・金）が必要になるので、すべてを同時に実行するわけにはいかないのが一般的です。そこで各アイデアを分析しフィージビリティ・スタディ（実行可能性検討）を行って、投資の優先順位を付けます。この活動を「ポートフォリオマネジメント」と呼びます。付けられた優先順位に沿って目標達成のための活動が開始されますが、その活動を「プロジェクト」と呼んでいるのです。

4. プログラムとプロジェクト

　ひとつのプロジェクトで「売上高20％アップ」という目標を達成することが困難な場合が多いので、複数のプロジェクトを組み合わせた「プログラム」形態とします。このときの「プログラム」の目標が「売上高20％アップ」になるのですが、これを「ベネフィット」と呼んでいます。この「ベネフィット」獲得のための活動全体を「プログラムマネジメント」と呼びます。「プログラム」の構成要素にはプロジェクトとそれに関連する運用業務や定常業務などがあり、プログラムの達成目標である「ベネフィット」に貢献するようにそれぞれに課せられた目標を達成します。プログラムの大規模な例としては「オリンピック」があります。オリンピックの開催目的や価値を「ベネフィット」とすれば、各競技場建設などが個別のプロジェクトに相当します。小規模な例では「運動会」も同様に理解できます。「運動会」

の目的や価値を定義して「ベネフィット」とすれば、全体をまとめたものが「プログラム」という小冊子になりますし、個別の競技をプロジェクトと位置付けることができます。

5. 成果物と達成能力

　図2-10にある「PPP」は単にポートフォリオ、プログラム、プロジェクトの頭文字（P）です。そのPPPのアウトプット（Deliverables：成果物）をエンド・ユーザーなり使用者へ引き渡すことによって、本来の目的とするビジネス上の達成能力（Capability）が得られることになります。その能力を発揮してビジネスを行います。

6. 価値

　その成果が期待された「ベネフィット」を達成できたかどうかを評価しなければなりません。そのために初期投資であったプロジェクトなどの経費を差し引いて正味「価値」を算出します。戦略目標を立てた組織へ「価値」をフィードバックし、それを評価して次の計画へ反映させる、というループが繰り返されるのです。

7. ビジネスアナリシス

　戦略から価値までのステップは相互に作用しながら動くことは想像に難くありません。しかしながらよくある問題として、組織が縦割りになってしまって横の連携がうまくいかないということが往々にしてあります。この状況を打破するためには、全体のフローを監視したりコントロールしたりする役割が必要になります。筆者はこの部分を「ビジネスアナリシス」活動と呼んでいます。「ビジネスアナリシス」や「ビジネスアナリスト」という用語は日本ではまだまだ一般的ではありませんが、誰かが担当しないと全体がうまく回らなくなってしまいます。

　これで「プロジェクトは組織目標の達成手段である」と言われる意味が明確になったことと思います。さらにPPPの部分を組織構造の中で実施される様子をまとめた図2-11を紹介します。組織戦略からPPPが実施される様子は図2-10で説明しましたが、ポートフォリオマネジメントによって優先順位を付けられ活動に組織資源を配賦するときに、組織が安定して存続するための「定常業務」や「オペレーション」に投資する分と、成長のために「プログラム」や「プロジェクト」へ投資

する分が描かれています。

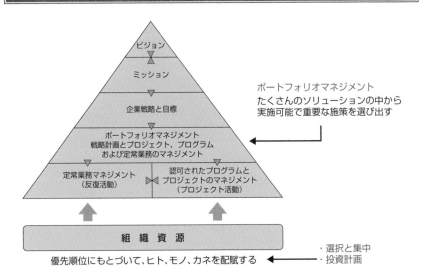

図2-11　組織戦略を達成するための仕組み

PMBOK ガイド
第 7 版の構成

PMBOK ガイド第 7 版では、第 6 版から大きく構成が変わりました。この章では、次章から 8 つの活動領域についての各論に踏み込む前に、第 7 版の構成について説いておきます。

第7版の構成の特徴

パート1とパート2の構成について説く前に、第7版の特徴を概観します。

▶▶ 第7版の構成の特徴

　第7版の構成の特徴は、第6版の構成を逆にしたことです。要するに、第6版ではプロジェクトマネジメント知識体系ガイドがパート1で、プロジェクトマネジメント標準がパート2でした。その順序を変えたのです。全体をプロセスベースからコンセプトベースへ変えたことから、「標準」の部分を「Principle：原理・原則」とし、PMBOKの部分を「Performance Area：活動領域」としたので、当然の帰結としてパート1が「原理・原則」になりました。この様子をPMI発表の図に追記して図3-1としました。

　「原理・原則」の前に、第2章として「価値実現システム」がありますが、本書では、前項の「事業価値実現の一翼を占めるプロジェクト」として説明したので省略します。また「プロダクトマネジメント」については付録で解説します。

　PMBOKガイドの初版から主張してきたにもかかわらず、なかなか理解・実行されない「テーラリング」を独立した章とし、強調しました。そして第6版まで使われてきた「ツールと技法」はパート3のなかで紹介程度にとどめてあります。パート3は付属文書ですが、プロダクトマネジメントやスポンサーの役割など興味深い内容が含まれていますので、ぜひ目を通してください。

　また、PMIは従来のプロセス・ベースについての根強い要求に応えて、「プロセス群：実務ガイド」（PMI日本支部訳）を出版しました。

　いわゆるウォーターフォール型のプロセスを中心としたガイドブックです。ぜひ参考にしてください。

図3-1　第6版と第7版の比較

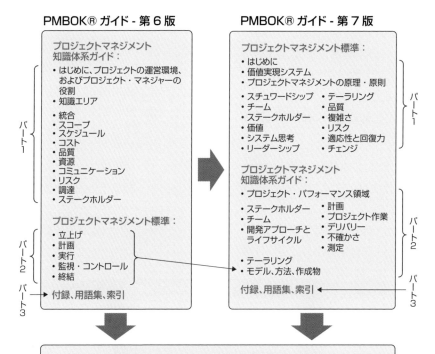

PMBOK® ガイド - 第6版

プロジェクトマネジメント
知識体系ガイド：
- はじめに、プロジェクトの運営環境、およびプロジェクト・マネジャーの役割
- 知識エリア

- 統合
- スコープ
- スケジュール
- コスト
- 品質
- 資源
- コミュニケーション
- リスク
- 調達
- ステークホルダー

（パート1）

プロジェクトマネジメント標準：
- 立上げ
- 計画
- 実行
- 監視・コントロール
- 終結

（パート2）

付録、用語集、索引

（パート3）

PMBOK® ガイド - 第7版

プロジェクトマネジメント標準：
- はじめに
- 価値実現システム
- プロジェクトマネジメントの原理・原則

- スチュワードシップ
- チーム
- ステークホルダー
- 価値
- システム思考
- リーダーシップ
- テーラリング
- 品質
- 複雑さ
- リスク
- 適応性と回復力
- チェンジ

（パート1）

プロジェクトマネジメント
知識体系ガイド：
- プロジェクト・パフォーマンス領域
- ステークホルダー
- チーム
- 開発アプローチとライフサイクル
- 計画
- プロジェクト作業
- デリバリー
- 不確かさ
- 測定

- テーラリング
- モデル、方法、作成物

（パート2）

付録、用語集、索引

（パート3）

- このプラットフォームは、「モデル、方法、作成物」の項を介して PMBOK® ガイドにリンクされており、その内容をさらに拡大している
- プラットフォームには、すべての PMI 標準の内容とプラットフォーム専用に開発された内容が組み込まれている
- 内容は、新たな実務慣行を含め、実際の実務慣行の「ハウツー」を反映している

Standards Plus™デジタル・コンテンツ・プラットフォーム

3-2
パート1：プロジェクトマネジメント標準

パート1は、プロジェクトマネジメント標準です。

▶▶ 12の行動指針；原理・原則

　標準の最大のポイントは「原理・原則」で、12項目あります。あくまで行動指針なので規律ではありません。パート2のパフォーマンス領域で活動するときの心構えや考え方の基本を示しています。ざっとみても一般的な社会人に求められる行動指針と大きな違いはありません。ここでわざわざ「社会人」として「管理職」としなかったのは、マネジャーやリーダーに限らずプロジェクトに関わる全員が考慮すべき項目だからです。重なりのイメージを図3-2に表しました。

図3-2　マネジメント領域の重なり合い

プロジェクトマネジメントの原理・原則

一般的なマネジメントの原理・原則

　第7版にはわかりやすく記述してありますから読んでいただくとして、さらなる理解のために第7版への追記事項として解説を加えます。

▶▶ 1. 勤勉で、敬意を払い、面倒見の良いスチュワードであること

　「スチュワード」という用語は、PMBOK ガイドの歴史上初めての出現です。「スチュワードシップ」を発揮することとも言えます。似た用語に「サーバント・リーダーシップ」がありますが、これはあくまでリーダーシップ・スタイルのひとつです。「スチュワード」を日本語にすると「世話役」になりますが、一般的な肩書に

使われる「世話役」のイメージとは少し違います。昔はキャビン・アテンダントをスチュワーデス（女性）やスチュワード（男性）と呼んでいました。お客様のお世話係というニュアンスがありましたが、「スチュワードシップ」には「お世話」する以上に責任をもつ意味があります。読者の周りにも、部下や同僚の面倒見の良い上司や先輩がいると思いますが、そういう人たちは人気があるし、人間的にも魅力的です。そのイメージで理解すればよいと思います。ここでは主にプロジェクト活動なので、仲間への気遣いや心配りについての行動と考えられます。チーム全員がこのような行動をとることによっていわゆる「コラボレーション」が生まれるのです。「コラボレーション」は単に「協力」するのではなく、「ともに働く：協働」することを意味します。

▶▶ 2. 協働的なプロジェクト・チーム環境を構築すること

　「協働」は「コラボレーション」ですが、「協力」と間違えやすい用語です。協力のイメージは、お互い自分の役割を持っていながらときどきお手伝いする、という状況でしょう。ここで問題なのは、役割分担を明確にすることに重きを置くと「協力」はできますが「協働」にはならないということです。つまり、先に「協働」の土台を作る必要があります。それがスチュワードシップになるわけです。チームの文化として、お互いの仕事を認識し、ともに仕事をする、という環境づくりが先にあって、それを土台にして役割分担を行うことが大切です。役割分担を先に行うと、人間はそれに固執しがちです。結果的に縦割りやサイロ型の組織ができあがってしまいます。具体的には、アジャイル型プロジェクトでよく使われるT字型スキルを持った人たちを集めた機能横断型チームを構築することに繋がります。図3-3にそのイメージを表しています。

図3-3 チーム形成のイメージ

知識の幅

知識の深さ

▶▶ 3. ステークホルダーと効果的に関わること

　効果的に関わるという意味は、そもそもエンゲージメント（Engagement）から来ています。「協働」を効果的に行うにはエンゲージメントが必要になりますが、この用語にはさまざまな意味があって、日本語でひとつの単語にできません。エンゲージメントには相手を拘束する意味があり、そこから「約束」、「責務」、「契約」、「婚約」などの意味が出てきました。面白いことには「戦う」という意味があって、映画の字幕を見ていると「やっつけろ!!」という喧嘩のシーンで「Engage them!!」と叫んでいるセリフを聴いたことがあります。プロジェクトでは、発注側と受注側が対立関係になることが往々にしてあります。最近は、お互いにパートナーシップで行きましょう、という機運が高まってはいますが、金銭の授受が絡むので力関係ができてしまいがちです。プロジェクト側から見ればお客様なので、どうしても遠慮がちになりやすいものですが、お客様を巻き込むイメージで積極的に関与していただくような関係を構築したいものです。これによって真のコラボレーションができるのです。

▶▶ 4. 価値に焦点を当てること

すでに価値実現ライフサイクルの話をしましたが、ここではプロジェクトに焦点を当ててみます。プロジェクトではウォーターフォール型にせよアジャイル型にせよ成果物を創出することに替わりありません。顧客にしてみれば、成果物はビジネス上のツールなので目的ではありませんから、ビジネス上あるいは経営上の環境変化に基づいて仕様への変更要求が出されることがあります。そのときに、最初に決めた仕様にこだわって摩擦を起こすよりも、価値実現への支援というプロジェクト本来の目的に立ち返って、柔軟に対応することが求められるのです。

▶▶ 5. システムの相互作用を認識し、評価し、対応すること

システムとは仕組みのことを意味します。プロジェクトは組織の中で単独で活動するわけではありません。いろいろな機能部門や外部のパートナーに支えられて進んでいくのが普通でしょう。そこにはさまざまな仕組みが存在することを認識し、その内容を理解することが肝心です。全社的な仕組みの中でお互いに助け合い議論しながら存在し進捗するので、率直な意見交換などのコミュニケーションが大切になります。ここでは特にプロジェクト全体を見て最適な運用を行うことに焦点を当てます。いわゆる全体最適管理です。管理工学を基にした「QCD」管理は「モノ」作りの管理項目であってプロジェクト全体の運用の管理項目ではありません。図3-4を参照してください。さらに対立する制約条件をバランスよく調整しなければなりません。その場合に「システム思考」が重要になるのです。

図3-4　プロジェクトの構成

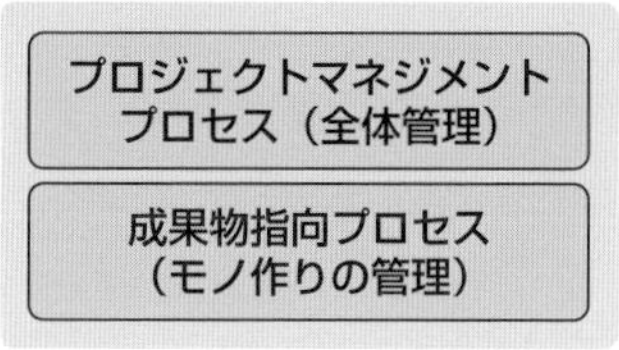

プロジェクトマネジメント
プロセス（全体管理）

成果物指向プロセス
（モノ作りの管理）

第3章　PMBOKガイド第7版の構成

▶▶ 6. リーダーシップを示すこと

　リーダーシップは、プロジェクト運営で常に注目されるキーポイントです。ここ
で言いたいことは二つあります。

①リーダーシップは行動特性のことであって「リーダー」だけが発揮する活
動ではありません。「リーダー」という言葉はあくまで役割を表しています。
日本の場合、プロジェクト・マネジャーの下にリーダー職を配置することが
多いのですが、これはグループ長を表しています。英語圏での「リーダー」は、
ほとんどの場合、組織の長を意味します。会社のリーダーは社長になります。
ちなみに米国では、日本のリーダーに相当する役職は「リード」と呼ばれま
す。いずれにせよ、リーダーシップという行動特性は、プロジェクトに参加
する全員が発揮することです。

②リーダーシップとマネジメントの違いです。用語の違いというよりも行動特
性の違いという方がわかりやすいでしょう。よく「リーダーシップは人に焦
点を当て、マネジメントは業務に焦点を当てる」と言われます。この場合の
「マネジメント」は狭い意味で使われていて、一般的な「業務管理」に相当
します。米国のブレイク教授とムートン教授によって提唱されたマネジリア
ル・グリッド理論によれば、リーダーシップ・スタイルを「人間への関心度」
と「業務への関心度」の二つの軸で捉えて表現します。その二つの軸が第
7版で言うところの「リーダーシップ」と「マネジメント」に相当します。
マネジリアル・グリッドを図3-5に示しました。この中で、9・9型が理想
とされています。

　また、リーダーシップを発揮するときに、「権限委譲：Delegation」が行われる
ことがありますが、第7版では「エンパワーメント：Empowerment」という用
語も使われています。これらの違いは、次のように表せます。

・権限委譲：特定の領域における権限を委譲するが、責任は留保する。
・エンパワーメント：権限を与えると同時に、責任も与える。

要するに「エンパワーメント」では、「責任を持って作業しなさい」というように期待するのです。それも、自分が作業したという狭い部分だけでなく、チームとして作業した全体にも責任を持つ、という意味を込めています。

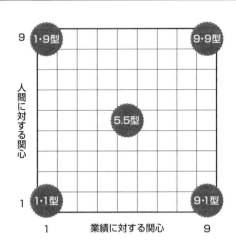

図3-5　マネジリアル・グリッド

7. 状況に基づいてテーラリングすること

「テーラリング」については本書でもすでに記述してきましたし、パート2でも解説します。第6版までは、プロセスベースだったこともあって、5つのプロセス群に含まれる49のプロセスについてのテーラリングが主たる対象でした。第7版では対象範囲を拡大して、ウォーターフォール型やアジャイル型などの開発手法の選択も含まれるようになりました。図3-6の中央に位置する「開発手法のテーラリング」がそれに相当します。

図3-6　開発手法のテーラリング例

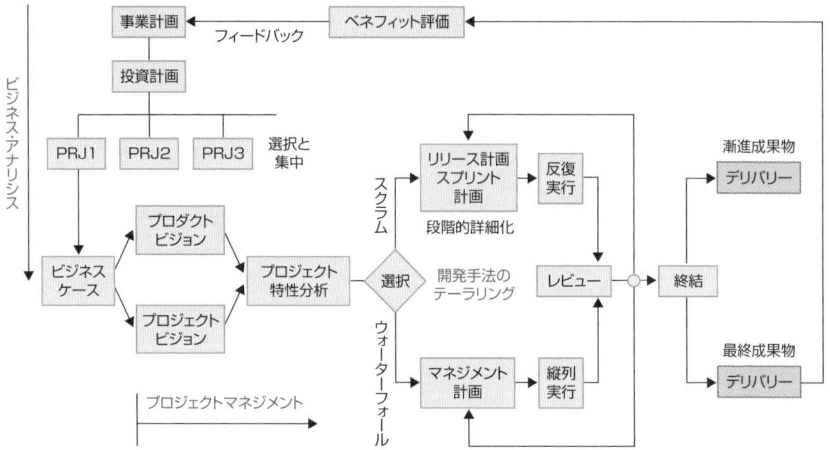

▶▶ 8. プロセスと成果物に品質を組み込むこと

　この考え方はもともとISO9000シリーズ準拠であり、従来のPMBOKガイド
とは変わっていません。従来は、良い成果物を作るためには良いプロセスが必要
である、という考え方から「品質保証：QA（Quality Assurance）」と「品質管理：
QC（Quality Control）」のプロセスが構築されてきました。PMBOKガイドの版
によってプロセス名称が変わってきましたが、プロセスの目的は変わりません。品
質管理の部分では計画時に「品質尺度：メトリックス」を定義して、品質や測定の
ための基準を設定するのですが、品質基準はステークホルダーの品質要求を包含
するように設定しなければなりません。良くないケースとして、組織に従来から存
在する基準だけをみて、ステークホルダーからの要求に対応しないようなケース
がありますが、要注意です。

　この二つのプロセスは、常に相互作用しながら稼働することが特徴です。ところ
が往々にしてQAの部分が疎かになって、QCにおける品質検査ばかりに注力し、
結果的に不良品の山を築いているケースを目にします。品質検査によって品質を
作り込むのではなく、品質検査のデータを上流にフィードバックし、プロセスを改
良して品質を作り込むという実務が求められます。第7版ではこの部分を重要な「心

構え」として「原理・原則」に組み込みました。

▶▶ 9. 複雑さに対処すること

　前出の「システムの相互作用」にも関係しますが、プロジェクトは複雑な関係性を持つ活動とも言えます。プロセスは、単純なインプットとアウトプットの関係だけではなく、そこにはさまざまなパラメーターが存在するので簡単な方程式で表すことができません。特に人間関係や政治力が関わると、さらに複雑になることでしょう。このことを認識し、理解することが重要で、プロジェクトでは、なるべくシンプルな仕組みとしたいものです。例えば、複雑な問題に対処する場合には、その問題に関わるコンテキストを単純化してみるとか、構造を分解してみるような活動が求められるでしょう。

▶▶ 10. リスク対応を最適化すること

　プロジェクトにおけるリスク・マネジメント活動のプロセスとしては、第6版のプロセスでおおよそ完成形といえます。リスク・マネジメントにおける問題は、リスク対応計画を立てても実行しないケースや、リスクが発現して課題になってから対処したり、逆に受容策でもいいような小さなリスクに過度に対応したりするケースがあることです。「過ぎたるは及ばざるがごとし」とも言われますが、最適な対応策が漏れなく事前に実行されることが重要です。リスク管理のために使われるリスク登録簿の例を図3-7に示します。この図では、リスク事象「進捗遅れ」の原因として、なぜなぜ分析を行った結果の3つが示されており、それぞれの発生確率と影響度を定性的に見積もって、さらに対策の緊急度を加味して優先順位を付けています。それに必要な対策は記述されていませんが、事前対策が基本です。

図3-7　リスク登録簿例

リスク事象	原因・要因	発生確率(P)	影響度(I)	リスク・スコア E=P x I	緊急度高中低	優先度 1-9	対策案(事前・事後)
進捗の遅れ	スキル不足	0.8	0.8	0.64	高	1	この対策案を計画書やベースラインへ反映する
進捗の遅れ	変更が頻発する	0.5	0.8	0.4	中	2	
進捗の遅れ	バグ修正に時間がかかる	0.5	0.4	0.2	中	3	
	なぜなぜ分析						

11. 適応力と回復力を持つこと

　「適応力：Adaptive」はアジャイルの考え方そのもので、変化や変更への柔軟な対応が必要だということです。陥りやすい問題としては、「顧客からの変更要求だからすべて実施する」という活動になりやすいことです。顧客だと言ってもすべてが正しいとは限りません。そもそも何のためのプロジェクトなのかを互いに話し合い理解する必要があります。

　「回復力：Resilience」は、失敗からの立ち直りのことです。大きな失敗や災害などからの素早い立ち直りは、必要であり大切なことです。日本という国は、「七転び八起き」という言葉通り、幾多の災害や敗戦から素早く回復したことで世界的にも評価されていますが、ここではプロジェクトに当てはめて考えましょう。

　プロジェクトの大きな失敗は、会社経営にも大きな影を落としかねないので、なるべく避けたいものです。しかし失敗を許さない文化では、新しいことへの挑戦が困難です。人間の活動ですから失敗ゼロということはあり得ないので、その経験を糧にすればいいわけです。そこで「早く失敗する」という言葉が出てきました。プロジェクトは不確実性に対処するので、プロセスをどんなに詳細に組み立ててもどこかで問題が起り、スケジュール遅れが発生したり予算オーバーになったりするものです。その度にさまざまなリカバリーが必要になり、「余計な手数がかかった」と言われてしまうものです。失敗やトラブルは、プロジェクトの後半になれば

なるほど及ぼす影響が大きくなるものです。それだったら早くチャレンジして失敗し、その経験を教訓として全員で共有すれば、その後の失敗を防ぐことができる、という考え方が出てきても不思議ではありません。

▶▶ 12. 想定した将来の状態を達成するために変革できるようにすること

　プロジェクトの成果によって、組織は新しい道具を獲得したことになります。なんの道具かと言うと、売り上げ増であったり組織改革であったり、さまざまな目標達成のためのツールということです。それは、組織の中で何か新しいことにチャレンジすることかもしれませんし、組織変革であったり業務改善であったり、さまざまな変化を呼び起こす活動に他なりません。つまり、プロジェクトというのは変革の手段のひとつであるわけです。変革のためには、通常「チェンジ・マネジャー」や「チェンジ・リーダー」と呼ばれるリーダーが存在するのですが、プロジェクトはその人を支える役割を持ちます。図3-8は組織改革の様子をイメージで表しています。

図3-8　組織改革の例

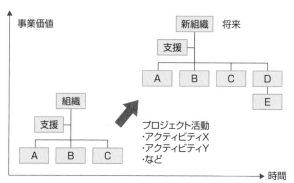

　ここまで12の「原理・原則」について、第7版の内容に追加して解説しました。繰り返しになりますが、この「原理・原則」は規則ではありません。あくまで行動の指針です。この12項目を実践するとなるとかなり大変な努力が必要になりそうな感覚を持ちますが、日々の活動の中で少しでも実践していければよいことです。

パート2：プロジェクトマネジメント知識体系ガイド

パート2は、プロジェクトマネジメント知識体系ガイドすなわちPMBOKの根幹についてのガイドです。

▶▶ 8つの活動領域（パフォーマンス・エリア）

プロジェクト・パフォーマンス領域は、次の8項目で構成されています。

①ステークホルダー・パフォーマンス領域

②チーム・パフォーマンス領域

③開発アプローチとライフサイクル・パフォーマンス領域

④計画パフォーマンス領域

⑤プロジェクト作業パフォーマンス領域

⑥デリバリー・パフォーマンス領域

⑦測定パフォーマンス領域

⑧不確かさパフォーマンス領域

第6版の10の知識エリア（マネジメント領域）と似ていますが、具体的なプロセスやツールと技法などはありません。あくまでコンセプトベースの表現になっています。8つの領域には時系列的な表現がないので、実際のプロジェクトにどう応用すればよいのか悩むところです。そこで本書は、もう少し具体性を持たせるように試みました。

▶▶「原理・原則」とパフォーマンス領域との関係

図3-9は、第7版の図1-1から作成したものです。

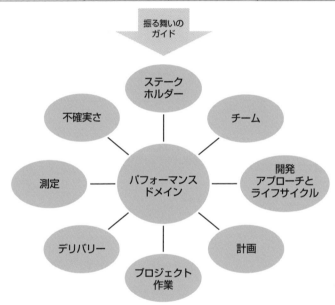

図3-9　原理・原則とパフォーマンス領域との関係

プロジェクトマネジメントの原理・原則（PART-1 第3章）			
スチュワードシップ	協働チーム	ステークホルダー	価値
システムの相互作用	リーダーシップ	テーラリング	品質
複雑さ	リスク対応	適応力と回復力	変革のエージェント

振る舞いの
ガイド

ステーク
ホルダー

不確実さ

チーム

測定

パフォーマンス
ドメイン

開発
アプローチと
ライフサイクル

デリバリー

計画

プロジェクト
作業

　キーワードのみで表現しているので一対一に対応しているように見えるかもしれません。例えば「原理・原則」にも「パフォーマンス領域」にも「ステークホルダー」がありますが、一対一ではありません。これらの要素は全体としてマトリックスを構成します。

　図3-10を参考にしてください。この構成は、8つのパフォーマンス領域に共通です。

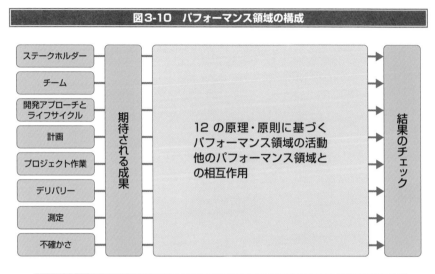

図3-10　パフォーマンス領域の構成

プロジェクトマネジメントの原理・原則 (PART-1 第3章)			
スチュワードシップ	協働チーム	ステークホルダー	価値
システムの相互作用	リーダーシップ	テーラリング	品質
複雑さ	リスク対応	適応力と回復力	変革のエージェント

▶▶ 8つの活動領域の勘どころ

全体を統合する活動

　第6版の知識エリアの「統合マネジメント領域」に相当する領域が定義されていないので、プロジェクト・マネジャーとしてはどうしたらいいのか、わかりにくい構成です。第7版には、8つのすべての領域が一体となって「統合システム」として機能するように記述されているのですが、具体的なイメージが湧きづらいと思います。図3-11では上図を第7版のパフォーマンス領域とし、下図を第6版の知識エリアとして対比させてみましたが、内容的にはあまり意味はありません。実際には、すべての領域について理解したうえで、全体最適を目指すのがプロジェ

クト・マネジャーの役割です。とはいっても少しは時系列的になっていないと分かりづらいので「開発アプローチとライフサイクル・パフォーマンス領域」から入るとよいでしょう。ということから、本書では第7版とは順序を替えて解説します。

図3-11 知識エリアとパフォーマンス領域

パフォーマンス領域

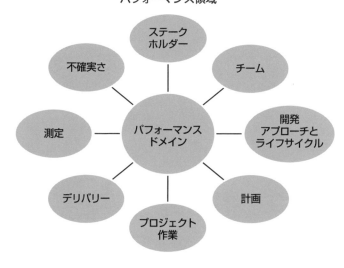

知識エリア

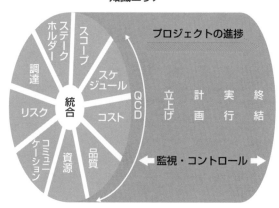

各活動領域の運用

　次章から第11章までの8つの章で、各パフォーマンス領域を次のように三部構成で解説します。

- ・ 領域の概要と活動の目的
- ・ 活動のためのツールと技法
- ・ 活動結果の評価

第4章

8つの活動領域の勘どころ①
開発アプローチ・
パフォーマンス領域

この章では、8つの活動領域のうち、開発アプローチとライフサイクル・パフォーマンス領域について、その勘どころを解説します。PMBOK ガイド第7版での当活動領域の名称は「開発アプローチとライフサイクル・パフォーマンス領域」ですが、タイトルが長いので本書では省略しています。開発アプローチは成果物開発手法のことで、いわゆるウォーターフォール型開発なのかアジャイル開発手法なのかを選択することです。それを含めて、プロジェクトの開始から終結までをライフサイクルと呼んでいます。

4-1

領域の概要と活動の目的

　この節では、開発アプローチとライフサイクル・パフォーマンス領域の概要と、その活動の目的を説いていきます。

▶▶ 期待される成果

　この領域では、プロジェクトの成果を最適化するために必要な、開発アプローチ、デリバリーのケイデンス、およびプロジェクト・ライフサイクルを確立します。要するにプロジェクトの進め方を決めるのです。それによって次のような成果が得られることを期待しています。

①プロジェクト成果物と合致する開発アプローチであること：
　　プロジェクトの特性や組織環境に則した、予測型や適応型、あるいはハイブリッド型を選択することです。これはテーラリング活動の一部です。

②プロジェクトの最初から最後まで、事業価値とステークホルダーへの価値を実現する複数のフェーズで構成されるプロジェクト・ライフサイクルになっていること：
　　予測型に代表される複数フェーズとガバナンスの仕組みを構築することです。代表的なプロジェクト・ガバナンスの仕組みのひとつがゲート・レビューです（参照：第1部—第7版の裏側—開発手法の選択）。

③プロジェクト成果物の作成に必要な、デリバリー・ケイデンスと開発アプローチを促進するプロジェクト・ライフサイクルのフェーズが構築されていること：
　　適応型のライフサイクルもフェーズで表現することができます。適応型では、そのフェーズを繰り返すことになりますが、そのフェーズのケイデンスはステークホルダーが望むデリバリーの頻度や速さに見合っていることが求められます。ケイデンスとはリズムやテンポのことで、音楽用語の「カデンツ」の英語読みです。ここでのデリバリーは納品を含む広い意味を持っ

ています。要するに、適応型では、予測型のように最終成果物を一回納品して終結するのではなく、小さな機能やフィーチャーに分割して少しずつ創っては納品するフェーズを反復する方法をとります。顧客としても、最終成果物まで待たずに、分割して納品された成果物を即ビジネスに適用することによって、事業価値の獲得ができるのです。

▶▶ 開発アプローチの例

　図4-1は「スクラム」の例ですが、最初にリリース（納品）のケイデンスを決め、ひとつのリリースの中で反復（スプリント）が3回実行される計画であることを示しています。また契約にもよりますが、計画したリリース以前でも一部納品されて、開発側のバックログが減っていく様子が描かれています。これは反復型といわれる適応型のひとつです。

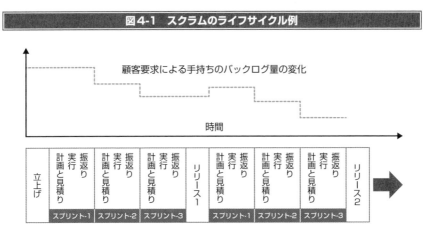

図4-1　スクラムのライフサイクル例

　適応型には、さらに漸進型が含まれるので、それを図4-2のイメージで紹介します。

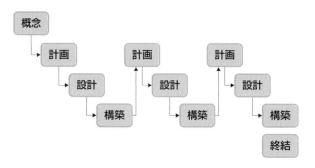

図4-2　漸進型の例

　図4-2における「構築」の部分で、機能やフィーチャーを増分として追加していきます。

　さらにハイブリッド型があります。これは予測型と適応型の組合せで進める方法で、さまざまな組み合わせがあります。その一部を図4-3で紹介します。

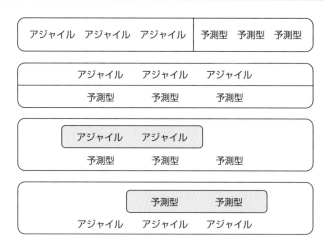

図4-3　ハイブリッド型の例

　上からひとつ目は、フェーズごとに分けています。二つ目は、二つのチームが並行して進めています。三つめは外注先でアジャイルを進めていますが、四つ目はその逆です。

▶▶ 検討しなくてはならない主な要因

　開発アプローチを選択するときに検討しなくてはならない主な要因として、「プロダクト、サービス、または所産」、「プロジェクト」、および「組織」の3つがあります。

プロダクト、サービス、または所産

　プロジェクト成果物の特性についての考慮点はたくさんあります。

①イノベーションの度合い：

　　過去に実績のあるものや最終成果物の仕様が詳細に事前決定可能なものは予測型が向いています。

②要求事項の確実性：

　　最終成果物の仕様に関わる要求事項が明確であれば予測型が向いています。変更要求が多く想定されるような場合には適応型が向いています。

③スコープの安定性：

　　スコープは要求事項から決められるので、要求事項と同様です。

④変更の容易さ：

　　ある程度できあがってしまったハードウエアなど、変更可能性が低い場合には予測型が向いています。

⑤デリバリー・オプション：

　　部分的な納品が求められる場合には適応型が向いています。

⑥リスク：

　　リスクの大きさによっては綿密な計画が要求されるので、予測型が向いています。

⑦安全要求事項：

　　厳格な安全要求がある場合には予測型が向いています。

⑧規制：

　　内容にも依りますが、プロセスや報告書などの詳細が求められる場合には予測型が向いています。

プロジェクト

①ステークホルダー：

適応型では、顧客をはじめとするステークホルダーの積極的な関与が求められるのでワークロードが増えます。日本の請負型の契約のように「任せる」という実務慣行では適応型は向きません。適応型には共に働くというコラボレーションの文化が必要です。

②スケジュールの制約：

最終成果物の納期が厳格に決まっているような場合には予測型が向いています。部分的に納品可能な場合には適応型が向いていますが、プロジェクト全体の終結日を事前に決めることはできません。

③資金調達の可能性：

まとまった資金調達が事前にできない場合には、適応型が向いています。この場合、予算が無くなったときに終結となります。

組織

①組織構造：

多重の階層構造であったり、厳格な報告を要求したりするような組織では予測型が向いています。適応型を採用するには、エンパワーメントされ自己組織化されたチームを構成できなければなりません。

②文化：

組織構造と同様に、管理や指示に基づく組織では予測型が向いています。

③組織能力：

適応型は、組織改革や新しいリーダーシップへの挑戦ともいわれるように、自律型や自己組織化されたチームを必要とします。

④チームのサイズと場所：

一般に適応型は、自己組織化を求めて効率よく働くために、チームあたり7人±2人が適切とされています。これは理論値ではなく経験と実験に基づく値ですが、コミュニケーションやモチベーション、そしてコラボレーションを考慮した数にもなっています。適応型で働く場所はコロケーションを基本としますが、リモートで離れて働くバーチャル・チームにならざるを得ない場合には、コミュニケーション手法に注意しなければなりません。

4-2

活動のためのツールと技法

この節では、開発アプローチとライフサイクル・パフォーマンス領域における活動でよく使われるツールと技法を紹介します。

▶▶ よく使われるモデル

この領域でよく使われるモデルには、カネヴィン・フレームワークとステイシー・マトリックスがあります。カネヴィン・フレームワークは第7版の説明で十分だと思いますので、ステイシー・マトリックスについて解説します。

図4-4　ステイシー・マトリックス

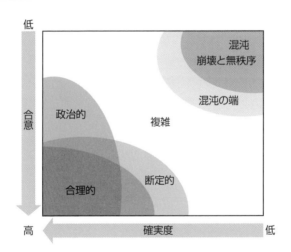

ラルフ・ステイシーが提唱したこの図4-4は、プロジェクトの特性から、縦軸に要求事項の確かさを合意度として表していて下端が最も高くなっています。横軸には成果物作成に関わる技術的な確実度を表していて、左端が最も高くなっています。図4-4において、右端上の領域は「混沌:カオス」状態を表していて、プロジェクトを始めるべきではないと言っています。逆に左下の部分は、合理的であったり、

政治的（力関係）であったり、断定的な要素が強いことを表していて、この領域に属するプロジェクトは予測型が向いていると言います。そして中央にある複雑な部分は適応型が向いていると言っているのです。要するに、なんでも予測型ではないし、なんでも適応型でもなく、特性や状況に適した開発アプローチを採用するべきであると提唱しているのです。

▶▶ 他のツールと技法

この領域には、プロジェクト立上げ時に参照すべき情報として、ビジネス・ケースがあります。ビジネス・ケースに記述されている情報として、回収期間や正味現在価値があるので、プロジェクト・マネジャーとしては、プロジェクトへの投資計画を理解した上でプロジェクト計画を立てる必要があるのです。また適応型のスケジューリング時には「タイムボックス」についての理解を深めることが重要です。タイムボックスは、さまざまな活動を一定の時間枠に固定する手法です。

「スクラム」の例では、次のようになります。

　・ スプリント（反復開発の単位）：1 〜 4 週間（変更の可能性あり）
　・ 日々のスタンドアップ会議：15 分
　・ スプリント計画会議：8 時間（スプリント＝ 4 週間の場合）
　・ スプリント・レビュー会議：4 時間（スプリント＝ 4 週間の場合）
　・ レトロスペクティブ・スプリント会議：4 時間（スプリント＝ 4 週間の場合）

4-3

活動結果の評価

この節では、開発アプローチとライフサイクル・パフォーマンス領域の活動をどう評価するかについて説きます。

▶▶ 期待される成果の確認

最初に提示したこの領域の成果を確認してみましょう。

①プロジェクト成果物と合致する開発アプローチであること

②プロジェクトの最初から最後まで、事業価値とステークホルダーへの価値を実現する複数のフェーズで構成されるプロジェクト・ライフサイクルになっていること

③プロジェクト成果物の作成に必要な、デリバリー・ケイデンスと開発アプローチを促進するプロジェクト・ライフサイクルのフェーズが構築されていること

▶▶ 成果についてのチェック方法

この領域の活動の結果、この3項目が達成できたかどうかを確認するのです。第7版でのチェック方法の例では、かなり概念的なので、実施するプロジェクトに合わせたチェック項目を考案する必要があります。

簡単な例を次に挙げてみますが、PMO（Project Management Office）などの支援部門を含む有識者にチェックを依頼することも良い方法です。

上記の3項目に合わせてあります。

・ プロジェクト憲章やプロジェクト概要記述書で確認する。
・ 組織のプロジェクト・ガバナンスの仕組みと整合していることを確認する。
・ ステークホルダーのプロジェクト要求事項と整合しているか確認する。

　ぜひ読者の担当するプロジェクトやビジネス環境に基づいて、適切なチェック方法を考案して下さい。

アジャイルが広まらないのは？

　アジャイル手法が日本発の考え方であるにもかかわらず広まらないのにはいくつかの理由があります。その中で最も大きな理由は「予算化できない」ということでしょう。プロジェクト予算を計上する際には予算の裏づけが求められますが、従来は最終成果物作成に必要なコスト見積りに基づいて算出していました。ところがアジャイル型では最終成果物の詳細な仕様を定義しないので、コスト集約が困難です。なぜ定義できないのか、というより定義しても顧客の理由によって変化してしまうので確定できないのです。プロジェクト側の立場で言えば、要件定義は発注側の仕事です。ですから請け負うという仕事にはならないので準委任契約で行います。要するに発注側の指示に基づいて作業するのです。

　あらためて見積りという作業を考えてみると「将来、これくらいの費用がかかるだろう」という推測です。その推測に基づいて契約として約束する金額を「確定見積り」としています。いずれにせよ真の値はやってみなければわからないのです。ですから「正確な見積り」という表現はあり得ません。どうせ変わってしまうのです。

　でしたら当初に確定せずに進めながら決めていけばいいのです。これを段階的詳細化と呼んでいます。その応用がアジャイルだと思えばよいでしょう。ということは最終的に投資する金額の上限を決めておかなければなりません。そもそも事業価値獲得のための投資計画なので、ビジネス・ケースを作成したときの金額が基準になります。逆に言えば、しっかりしたビジネス・ケースを作成していないことがアジャイル手法の阻害要因なのかもしれません。

８つの活動領域の勘どころ②
ステークホルダー・
パフォーマンス領域

この章では、８つの活動領域のうち、ステークホルダー・パフォーマンス領域について、その勘どころを解説します。

領域の概要と活動の目的

この節では、ステークホルダー・パフォーマンス領域の概要と、その活動の目的を説いていきます。

▶▶ 期待される成果

このパフォーマンス領域では、ステークホルダーとの協力関係を維持し、ともに作業すること、およびステークホルダーと連携して良好な関係を築き、満足度を高めます。この活動の結果として、次の成果を期待します。

①プロジェクト全体を通じたステークホルダーとの生産的な関係が構築される：
顧客をはじめとするステークホルダーの満足を得られていること。

②プロジェクトの目的に関するステークホルダーの合意が得られる：
要求事項への変更が少なくスコープが安定していること。

③プロジェクトの受益者であるステークホルダーはプロジェクトやその成果物を支持して満足している一方、それに反対するかもしれないステークホルダーもプロジェクトの成果に悪影響を与えない：
ステークホルダーの関与度レベル目標が達成されていること。

ステークホルダーにはプロジェクトへの支持者もいれば反対者もいるので、支持を最大限に高め、反対や抵抗からの影響を最小限にとどめるように活動します。ステークホルダーには積極的な関りを期待しますが、そのことを「エンゲージメント」と言います。エンゲージメントの程度を関与度レベルと定義してマネジメントします。この用語については、すでに「原理・原則」の3項目目で解説しましたのでそちらを参照してください。

次の図5-1は、ステークホルダーを例示しています。通常PM（プロジェクト・マネジャー）を中心にしてステークホルダーを特定するので、PMを中心に描きま

した。要するにプロジェクト関係者全員です。

図5-1　ステークホルダーの例

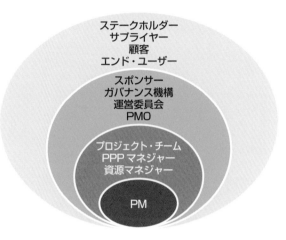

▶▶ ステークホルダーのマネジメント

　第7版では活動全体をライフサイクルとして表現していますので、図5-2に沿って説明します。第6版のプロセスと似ています。

図5-2　ステークホルダー・マネジメント

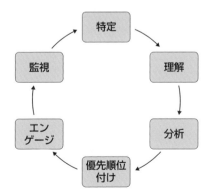

1. 特定：ステークホルダーの定義に沿って、関係するすべての人々を特定します。

2. 理解：どういう立場の人なのか、何を期待しているのかを理解します。

3. 分析：プロジェクトへの関わり度合いについて分析し、支持してもらうための方法や、あるいはネガティブな影響を抑えるための方法などを考案します。

4. 優先順位付け：ステークホルダーは小規模プロジェクトでも数十人、中規模プロジェクトでは数百人程度になります。その人々と等しくお付き合いすることは不可能ですし、プロジェクト・マネジャーがひとりで活動することでもありません。実際には優先順位を付けて対応します。

5. エンゲージメント：「分析」結果に基づく対応計画を実行するのですが、このとき優先順位に沿って、自分が所属する組織を挙げて対応することになります。例えば、ステークホルダーの役職やタイトルに見合った自組織の長に対応してもらうなど、カウンターパートを明確にして役割分担します。エンゲージメントで重要な要素はコミュニケーションです。どんなに優れた計画を立案しても人間関係が良くなければ成功しません。抵抗者や反対者ほどコミュニケーションが重要である、といわれる所以です。

6. 監視：対応計画では、当然「関与レベルの目標」を決めるので、それが達成できているかどうかを常に監視する必要があります。相手は人間なので、計画通り進むとは限りません。紆余曲折しながら進むのが普通です。この結果から再び「監視」→「特定」→「理解」というように繰り返していきます。

5-2
活動のためのツールと技法

　この節では、ステークホルダー・パフォーマンス領域における活動でよく使われるツールと技法を紹介します。

▶▶ 分析に使われる技法

　ステークホルダーを特定するためには、まずスポンサーと話をして主な関係者をリストアップします。通常これをプロジェクト憲章に記載します。その後は、その関係者にインタビューして輪を広げるように増やしていきます。分析に使われる手法には、セイリエンス・モデルや権力と関心度マトリックスなどがあります。図5-3に権力と関心度マトリックスの使用例を示します。これらの手法は優先順位付けにも使うことができます。

図5-3　格子（グリッド）分析の例

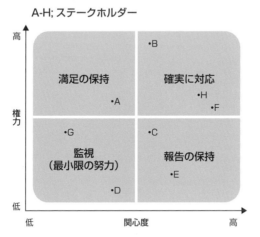

A-H; ステークホルダー

さらに分析とエンゲージメント・レベルを把握し対応策を考えるときには、ステークホルダー関与度評価マトリックスを使います。その使用例を図5-4に表しました。この例では、ステークホルダーのA氏は、現状ではプロジェクト不認識ですが、支

持を目標として対応しようという状態を表しています。B氏は中立状態なので、これも目標が支持になっています。C氏には現状を維持してもらいます。例えば、図中のB、H、F氏の優先順位は高く、G、D氏は低くなります。

図5-4 ステークホルダー関与度マトリックスの例

ステークホルダー	不認識	抵抗	中立	支持	指導
A氏	現状	→		目標	
B氏			現状 →	目標	
C氏				現状、目標	

▶▶ コミュニケーションの手法

エンゲージメントの基本はコミュニケーションです。それにはさまざまな手法がありますが、それぞれコミュニケーション・リスクがありますので、それを理解した上で選択します。主たる3つの手法を示します。

- **プッシュ型：**
  メモ、電子メール、状況報告、ボイス・メールなど一方向に送達される手法で、相手が受け取ったか、読んだか、理解したかは不明です。
- **プル型：**
  ステークホルダーの方から求める情報伝達手法であり、ステークホルダーの関心事を間接的に把握するために使用されます。相手が理解したかどうかは全くわかりません。情報をサーバーに保管しておいて、受け取り手は自由にアクセスして受信する方法です。
- **双方向型：**
  エンゲージメントは基本的に双方向であり、深いコミュニケーションが可能となります。会話、電話、会議、ブレーンストーミング、プロダクト・デモ、相手との情報交換などがその例です。

　これらのコミュニケーション・リスクを軽減するためには、送信者・受信者モデルに沿った活動が必要になります。要するに、伝達された内容が相手に正しく理解されたかどうかを確認する、ということです。これは送信者側の責任です。正しいかどうかは送信者にしかわかりません。

ありがちな相互コミュニケーションの問題

　ある大手企業にコンサルに行ったときのことです。ソフトウエア開発側の担当者から相談を受けてプロジェクト全体の状況を聞きました。要するにハードウエア側の開発チームとうまくいっていないということです。このプロジェクトは顧客要望による端末機の新規開発ですが、ときどきユーザーの要求事項が変更になります。ところが、作成中のハードウエアでは対処できないのでソフトウエア側で対処してほしいということで、それも納期直前になってのことが多いのです。それで厳しいスケジュール管理の下で無理が祟って病気になってしまうスタッフが出てきているし、品質にも問題が生じてしまっているということでした。確かにハードウエアでは柔軟に対応できないことが多いので、ありがちな話なのです。そこでもう少し状況を深堀すると、ユーザー、営業、ハードウエア、ソフトウエア、4つのチームの相互コミュニケーションの問題に気がつきました。どうも全体を統括する役割が機能していないように思えるのです。そこで、ステークホルダー登録簿を見せてくれるように依頼したのですが「そんなものはない」といわれました。仕方ないので一か月で作成してもらいそれをレビューしました。約130名の名前と役職が記載されていたので、その日のうちに会えそうなハードウエア側の部長数人にインタビューしたところ「そんな問題は認識していない」と異口同音でした。そこでソフトウエア側の問題を伝えたところ、すぐに理解し、両チームの責任者同士が握手して収まったのです。

　大規模企業の縦割り運営が原因であり、自己組織の責任のみ考えるという部分最適になっていたのでした。たまたま筆者という外圧があってコミュニケーションのきっかけを作っただけで解決できた例でした。

5-3
活動結果の評価

この節では、ステークホルダー・パフォーマンス領域の活動をどう評価するかについて説きます。

▶▶ 期待される成果の確認

最初に提示したこの領域の活動に期待される成果を確認してみましょう。

①プロジェクト全体を通じたステークホルダーとの生産的な関係
②プロジェクトの目的に関するステークホルダーの合意
③プロジェクトの受益者であるステークホルダーはプロジェクトやその成果物を支持して満足している一方、それに反対するかもしれないステークホルダーもプロジェクトの成果に悪影響を与えない。

▶▶ 成果についてのチェック項目

この3項目の達成についての簡単なチェック項目の例を挙げてみます。

①エンゲージメント計画に基づく満足度が達成できている。
②エンゲージメント計画に基づく要求事項の変更数が想定よりも少ない。
③エンゲージメント計画に基づく関与レベルが達成できている。さらにリスク登録簿や課題ログを確認して、ステークホルダーに関する課題が少ないこと。

ステークホルダー・エンゲージメントに関わる文書類は、個人情報などの機微情報が含まれるので、取り扱いに細心の注意を払う必要があります。

８つの活動領域の勘どころ③
チーム・パフォーマンス領域

この章では、８つの活動領域のうち、チーム・パフォーマン

ス領域について、その勘どころを解説します。

6-1

領域の概要と活動の目的

この節では、チーム・パフォーマンス領域の概要と、その活動の目的を説いていきます。

▶▶ 期待される効果

この領域は、ビジネス成果を実現するプロジェクト成果物を生み出す責任を負う人、つまりプロジェクト・チームに関連する活動を行います。チームを育成し、メンバー全員がリーダーシップを発揮するように働きかけます。この活動の結果、次の成果を期待します。

①**オーナーシップの共有**：
メンバーひとり一人は個別の作業に携わりますが、その結果がまとまって成果物になります。そのときに、自分が直接担当した部分でなくても、成果物全体に責任を持つという心構えです。要するに、成果物はコラボレーションの結果生まれたのですから、全員がオーナーであるという意味です。

②**パフォーマンスの高いチーム**：
個人主義の文化の場合はチーム・メンバーの作業の「和」でチームのパフォーマンスを評価しますが、コラボレーションが行き届いたチームでは「和」以上のパフォーマンスを示すことができます。チームとしてのシナジー効果が得られるのです。

③**適切なリーダーシップや人間関係のスキルが、すべてのチーム・メンバーによって実践されている**：
「原理・原則」の6項目目でも説明しましたが、リーダーシップは行動特性なので、全員が発揮するものです。そのときには「スチュワードシップ」も必要になるでしょう。

▶▶ チームに関連する役割

チームに関連する役割には、次のものがあります。

- **プロジェクト・マネジャー：**
  母体組織によって任命された人で、プロジェクト・チームを率いてプロジェクト目標を達成する責任を負います。その上位にプロジェクト・スポンサーが存在し、プロジェクトへの投資に責任を持ちます。
- **プロジェクトマネジメント・チーム：**
  プロジェクト・チームのメンバーのうちプロジェクトマネジメント活動に直接関与している要員で、一般にチーム・リーダーと呼ばれる人たちです。
- **プロジェクト・チーム：**
  プロジェクト目標を達成するためにプロジェクトの作業を実施する集団です。

▶▶ プロジェクトにおけるマネジメント

リーダーシップは全員が発揮するもので、それも「人に焦点を当てる」活動です。例えば、動機付け、ビジョンニング、メンタリング、積極的傾聴などが代表的な行為です。それに対してマネジメントは、業務目標を達成するための手段に重点を置いているといえます。例えば、計画策定、調整、測定、監視などがその代表です。ここでの「マネジメント」は一般的な「管理」と考えていいでしょう。プロジェクトにおけるマネジメントには、次の二つがあります。

①集権型マネジメント

通常プロジェクト・マネジャーがその任にあたります。その場合の権限をプロジェクト憲章に記載します。

②分散型マネジメント

マネジメント権限を一人に集約せずにマネジメント・チームに権限委譲し、チーム・メンバーは自律性をもって作業にあたります。分散型の場合のプロジェクト・マネジャーは「サーバント・リーダーシップ」を発揮します。サーバント・リーダーシップは、チームの「サーバント：召使」のように振る舞い、チーム・メンバー

の健康や育成に尽力して自律性を高め、チームのパフォーマンス向上に努めます。
要するに「縁の下の力持ち」のような働き方をしますが、次の3つに集約されます。

（ア）阻害要因の除去：

チームが作業をしているときに、その作業とは関係のない課題解決などを
依頼されることは本来の作業の邪魔になります。そういう場合には、サー
バント・リーダーがその課題を引き受けたり、あるいはバリアーになったり
して本来の作業への影響を取り除きます。

（イ）逸脱要素の遮断：

チームがオーバーヘッド的な作業を依頼されるような場合や、他の作業と
の兼任になるよう要求されることがありますが、サーバント・リーダーは、
そのような外部要求を遮断します。

（ウ）奨励と能力開発の機会：

チームの満足度を向上させることによって生産性の向上が図れます。その
ためにさまざまな手法を駆使して個々人を動機付けし、表彰や報奨の機会
を作ります。

▶▶ チームの育成

チームの育成とは、集団としてのパフォーマンスの優れたチームを形成するこ
とです。同じ組織内で働いている人を集める場合には比較的容易にチーム形成可
能かもしれませんが、他社の人とチームを組む場合には、契約や法律上の制約な
どによって困難な場合があります。そのためには、次の5つの項目をしっかり実践
することによって良いチームに育成できます。

①ビジョンと目標

そもそも何のためのプロジェクトなのか、についてリーダーは繰り返し、繰り返
し伝えます。プロダクト・ビジョンやプロジェクト・ビジョンを1枚のポスター形
式にして壁に貼り出しておくのも良いアイデアです。「サーバーに置いたから見て
ね」といっても、実際見る人は少ないのが実情です。「ローテク・ハイタッチ」が
効果的です。

②役割と責任

　役割と責任が明確でないと仕事をしていても不安になります。しかし、ここで注意したいのは、役割と責任を明確にしただけでは、縦割の集団ができやすいのです。いわゆる「サイロ型」になってしまいます。特に個人主義が強い文化で起こりやすい現象です。求めるチームの姿はコラボレーションで、オーナーシップの共有です。それには「協業」の心構えが重要です。これは「協力」とは違います。つまり役割と責任の明確化の前に、コラボレーションの文化を作り上げることが重要です。それを土台として役割と責任の明確化が成り立つのです。

③プロジェクト・チームの業務

　前項目で述べたように、「協業」を土台にした役割分担が必要ですが、その役割を文書化して全員が見えるようにする必要があります。ここで言う「文書化」は「文章化」とは限りません。「絵」や簡単な「イラスト」などは非常に効果的です。チーム内で他の人が何をやっているのかを理解できれば、お互いに情報交換ができますし、困ったときには相談もできます。さまざまなコミュニケーションが自由活発に行われることになるので、ときには規律性に問題が起こることがあります。そのときのためにはチームの行動指針や規範を作成すると良いでしょう。それはPMBOKガイドで「チーム憲章」と呼ばれる文書です。

④ガイダンス

　自律性を大切にすると、自由気ままに行動する人が出てきます。それを防ぐためには前出の「チーム憲章」が有効ですが、行動だけでなく、作業自体のための「ガイダンス」も重要です。米国で「カウボーイ・コーディング」などと呼ばれる現象が発生したことがあります。ソフトウエアをコーディングする際に、コーディング・ルールを守らずに自分勝手にコーディングしてしまうことです。これでは品質を担保できないどころか保守性も無くなってしまいますので「オーナーシップの共有」は困難でしょう。

⑤成長

　プロジェクトが「QCD」に特化された時代には、メンバーが犠牲になった「デスマーチ」がありました。そこから脱却すべく、PMBOKでは旧くからプロジェクトの二大アウトプットとして「成果物」と「成長」を定義してきました。これは個

人の成長が組織の成長につながることから、組織にとっても非常に大切なことです。プロジェクトにおける成長は、プロジェクト経験それ自体も有用ですが、技術者としての成長と人間的な成長が期待できます。プロジェクトにおける日々の活動には、さまざまな成長の機会が潜んでいます。

　以前はプロジェクトの終結時に「教訓」を整理・保管したものですが、今は、日々の活動の中から即「教訓」を記録しチーム内で共有します。このためには「回覧板」的な「教訓登録簿」を活用すると良いでしょう。まとまった教訓登録簿は、プロジェクト終結時にしかるべき場所に保管して、他のプロジェクトや将来のプロジェクトで参照できるようにしておけば良いのです。さらに、イテレーションごとに繰り返し行われるレトロスペクティブ（振り返り）会議では、発生した課題やその解決方法、あるいはチャレンジ結果などが共有されるので、貴重な教訓ですし成長の糧になります。

▶▶ リーダーとしての率先垂範

　チームが育成されると、良し悪しにかかわらず独自の**「チーム文化」**が形成されます。それを当然良い方向にリードしなければならないのですが、これはプロジェクト・マネジャーのリーダーシップにかかってきます。リーダーとしての率先垂範が重要ですが、その要因を7つ挙げてみましょう。

①透明性
　古くから「オープンであること」といわれてきた特性ですが、最近は透明性と呼ばれるようになりました。いずれにせよ、自分の考え方や情報を他人に明らかにすることです。アサーティブ・コミュニケーションといわれるスタイルがありますが、相手を尊重しながら自分の考えを明確に述べることです。情報を小出しにしながらコミュニケーションを進めても信頼関係は生まれません。

②誠実さ
　これは倫理的な振る舞いであり、正直さとも言えます。PMIのプロフェッショナルに求められる倫理規定のひとつです。

③尊重
　これも誠実さと同じくPMIの倫理規定にあります。アサーティブ・コミュニケー

ションでは自分の主張を明確に行うのですが、前提として相手を尊重することから始まります。

④肯定的な会話

　特にメンバーと会話するときに、一方的なコミュニケーションになりやすいものです。相手を尊重し、積極的に聴くことが大切です。いわゆる「積極的傾聴」ですが、そのときは相手を否定することは控えて「肯定的」な表現から始めて話を続けます。後ほど「感情的知性」の項目でも説明しますが、信頼関係を構築するような会話を目指します。

⑤支援

　信頼関係の構築のためには、普段からさまざまな支援活動が望まれます。これはプロジェクト・マネジャーの職務と言うよりはチーム全体に求められる行動で、コラボレーションに通じます。

⑥勇気

　困難に挑戦する勇気を見せることによって、チーム・メンバーからの信頼を得ることができます。特にプロジェクトでは、さまざまな制約条件の中で働くことが強いられるのですが、上司や上位経営層と調節交渉するような姿を見せることによって、メンバーも勇気づけられます。

⑦成功の祝福

　プロジェクトの終結では成功を祝うことがありますが、プロジェクトの進捗の中でも行います。これは小さなことでもよくて、必ず見つけては褒めたりお礼を言ったりすることが重要です。動機づけ理論にも紹介されているように「褒める」、「認める」は良い動機づけになります。

▶▶ パフォーマンスの評価

　これらの活動の結果、パフォーマンスの高いチームができあがりますが、何をもって「パフォーマンスが高い」というのかが問題です。すべてが数値化できれば簡単ですが、数値化できない要素が多いので、その中の9項目について紹介しましょう。

①オープンなコミュニケーション

前出の透明性と同じですが、会議での積極的な発言を含みます。この状態を直感的でも感覚的でもいいので一人の人が継続して評価します。

②理解の共有

機微情報以外の情報について共有できているかどうかの評価ですが、特にプロジェクトの目的の理解が大切です。

③オーナーシップの共有

この活動の期待される評価にもなっていますが、サイロ型と呼ばれる縦割りでなく、全員の協働作業の結果であることを認識していることが重要です。

④信頼

信頼関係は簡単には構築できませんが、崩れるのは早いものです。この関係が築かれているかどうかは、オープンなコミュニケーションから判断して評価できます。

⑤協働

この状態は普段の作業状態や問題解決の状況を見ると評価しやすいものです。

⑥適応力

変化への対応ですが、状況の変化にネガティブにならず作業を変更できているかどうかを評価します。

⑦回復力

失敗の後のリカバリーや立ち直りの速さを評価します。

⑧エンパワーメント

責任と権限が与えられて、前向きに意思決定し作業を遂行しているかどうかを評価します。

⑨認知

すべての状況を前向きにとらえて、チームの結束を強めるように行動しているかどうかを評価します。

▶▶ リーダーシップのスキル

　このようにリーダーシップを発揮してチーム育成を進めますが、リーダーシップを発揮するためのスキルが求められます。「スキル」は元来「熟練」を表す用語ですから、経験が必要です。リーダーシップを発揮するときにも失敗がありますから、回復力が求められます。ここではリーダーシップに関連する4つの特性について説明します。

①ビジョンの確立と維持

　ビジョンには「プロダクト・ビジョン」とそれを達成するための「プロジェクト・ビジョン」がありますが、ここでは「プロジェクト・ビジョン」を対象にします。このビジョンの特性として、つぎの4項目を含んでいなくてはなりません。

　　（ア）プロジェクトの目的
　　（イ）プロジェクト作業の成功の定義
　　（ウ）プロジェクトの成果によって作られる将来像
　　（エ）ビジョンからの逸脱の認識方法

そして大切なことは表現の仕方です。キーポイントとして次の4項目を挙げます。

　　（ア）力強いフレーズや短い記述で、プロジェクトをサマリーする。
　　（イ）達成可能な最良の目標を記述する。
　　（ウ）全員の心に響くような絵やイラストで表現する。
　　（エ）成果達成の情熱を引き出す。

②クリティカル・シンキング

　規律的、合理的、倫理的な要素と事実に基づく思考が含まれ、オープン・マインドで客観的な分析能力が必要です。チームは、次の目的でクリティカル・シンキングを実行しましょう。

　　（ア）バイアスがなく、バランスの取れた情報を収集する。
　　（イ）問題を認識し、分析し、解決する。
　　（ウ）バイアスや潜んでいる前提条件や価値を特定する。
　　（エ）使用する用語について自分自身や他人への影響を認識する。
　　（オ）データと証拠を分析し、議論し、見解を評価する。
　　（カ）事象を観察して、その類型や関係性を特定する。

第6章　8つの活動領域の勘どころ ③チーム・パフォーマンス領域

（キ）帰納的、演繹的、仮説的な推論を適切に適用する。

（ク）誤った前提、誤った類推、感情的な訴え、あるいは欠陥のある論理を特
定し、明確にまとめる。

③動機付け

メンバーの動機付けには、まず個々の動機付け要因を理解する必要があります。
次に、その要因に直接働きかけられなくても、プロジェクトとその成果にコミット
し続けられるような方法でメンバーと協力します。一般に動機付けには、個人の内
側から生じる「内発的動機付け」と、報奨のような「外発的動機付け」があります。
プロジェクトには「内発的動機付け」が望ましいとされていますが、その要因を9
つ挙げます。

（ア）達成感

（イ）挑戦意欲

（ウ）仕事における信念

（エ）違いをもたらすこと

（オ）自主性と自律性

（カ）責任感

（キ）個人の成長

（ク）人とのつながり

（ケ）プロジェクト・チームの一員であること

人によって動機付け要因は異なるものですが、たいていの場合、特に強い動機
付け要因をひとつ持っているものです。日常のコミュニケーションの中からそれを
認識できれば、動機付けに役立てることができます。

④人間関係のスキル

プロジェクトでよく活用される人間関係のスキルの3項目について紹介します。

㋐感情的知性（EI：Emotional Intelligence）：自分自身の感情や他者の感情
を認識する能力のことで、思考と振る舞いの指針となります。EIまたはEQ
とも呼ばれますが、これにはいくつかのモデルが提唱されています。それ
らを集約すると、次の図6-1のように表すことができます。社会に関する側

面は下側にあります。認識に関する側面は左側で、マネジメントとスキルに
関する側面は右側にあります。

図6-1　感情的知性

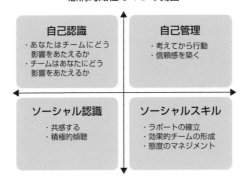

感情的知性の4つの側面

- 自己認識：現実的で冷静な自己評価、自分自身の感情、目標、動機付け、
長所、短所の理解などを通じて相手に与える影響を理解します。ときど
き「自分は、こういう人間だ」と断定的に思い込む人がいますが、周りの
人たちからの評価を素直に受け止めることが大切です。
- 自己管理：自己規制とも呼ばれ、混乱を招く感情や衝動をコントロールし
て方向転換する能力のことです。
- ソーシャル認識：共感、他の人の感情を理解し考慮すること、言葉以外
の合図やボディ・ランゲージを読み取る能力が含まれます。
- ソーシャル・スキル：感情的知性のさまざまな側面を最大限発揮するこ
とです。ここに「ラポート（ラポール）の確立」がありますが、一般に「心
の架け橋」とも呼ばれる能力で、相手とのコミュケーションを円滑にする
ための手法が含まれます。
- ⑦意思決定：プロジェクトでの意思決定は、情報不足の状態でありながら短
期間での結論を求められることが多いものです。ここでは意思決定におけ
る特徴を説明します。

第6章

8つの活動領域の勘どころ③チーム・パフォーマンス領域

- 一方向の意思決定：いわゆるトップダウンで行うタイプで、迅速であるという利点がある一方、間違いが起こりやすくメンバーの意欲の低下を引き起こしやすいという欠点があります。

- グループでの意思決定：集団で行うタイプですが、グループの広範な知識ベースを活用できるという利点があります。さらに、例えば意思決定プロセスへ参加した人の中に反対者がいたとしても、その意思決定結果へのコミットメントが高まるのです。要するにプロセスへ参加したという事実が大切なのです。参加していないと「私は聞いていない！」などと反対する人が現れてきます。欠点としては、時間がかかることと、意思決定プロセスに参加するためチーム作業が中断することです。

- チームの意思決定は、発散と収束を繰り返すように議論を進めて行います。例えばブレーンストーミングで多様なアイデアを出し、その中からいくつかを選び出し、さらに条件を絞って議論を続けるように進めます。参加者は積極的に発言し他者の意見をよく聞かなければなりません。要するに、全員に自分の立場を説明する機会が与えられることになります。最終的には決定権をもつ個人あるいはグループが、議論された内容に基づいて、ステークホルダーの期待に配慮して決定を下すことになります。全員が同時に投票しながら個人の意見を取り込むという考え方で、陥りがちな集団思考の弊害を抑えることができます。また、自分たちの権限を超える決定については、代替案を考案し、各案の影響を考慮し、適切な権限を持つ人物に決定をエスカレーションすることもあります。

㋒コンフリクト・マネジメント：コンフリクト（対立）は、集団活動であるプロジェクトでは発生することは避けられないものと認識します。特に、予算、スコープ、スケジュール、品質などの相互排他的な制約条件が原因となることが多いものです。プロジェクト・マネジャーは、コンフリクトがまともな議論では収まらないほど激化する前に対処する必要があります。そのためには、コミュニケーションをオープンに保ち、相手を尊重する態度が必要で、さまざまな手法を用いて対処する必要があります。コンフリクトは当事者やチームに不安を与える恐れがあるので、安心できる環境を確保して原

因を探ると良いでしょう。あくまで人ではなく課題に焦点を当て、過去ではなく現在と未来に焦点を当てるように考慮して、代替案を一緒に探す姿勢が大切です。コンフリクトによって人間関係にダメージを与えることがありますが、解決策と代替案を一緒に探すことで修復可能となります。結果的には、より建設的な関係を構築することにより、コンフリクトが問題解決の場へと移るようになるので、「災い転じて福となる」とも言えるでしょう。

⑤リーダーシップ・スタイルのテーラリング

　リーダーシップ・スタイルもテーラリングの対象です。相手や状況に合わせて最も効果的なスタイルを選択することになりますが、その場合の考慮点を紹介します。

㋐特定のプロジェクト経験
- アジャイル：成熟したチームであれば自己管理ができるようになり、サーバント・リーダーシップを適用できます。
- 予測型：監督を強化し、より指示的なリーダーシップ・スタイルを使う傾向があります。

㋑メンバーの成熟度
- 成熟したメンバーには、監督や指示が少なくて済みます。

㋒組織のガバナンス構造
- 上位マネジメントのスタイルが認識され、それを踏襲するようにチームのリーダーシップに反映されることがあります。
- 権限と説明責任が集権化または分散化されるときに、その程度に影響を与えます。

㋓分散型プロジェクト・チーム
- 分散型チームのコミュニケーション上の課題を最小限に抑えるために、IT技術などを活用してコミュニケーションを増やし、改善する必要があります。
- 対面で仕事をするときと同等のコラボレーションや関係性を作り出すのは困難だということを認識する必要があります。

6-2

活動のためのツールと技法

この節では、チーム・パフォーマンス領域における活動でよく使われるツールと技法を紹介します。

この領域でよく使われるモデルには、次のものがあります。

▶▶ 状況対応型リーダーシップ・モデル

SL Ⅱ（Situational Leadership Ⅱ）

ケン・ブランチャードが提唱したモデルで、リーダーシップ・スタイルを相手の能力に合わせて、指示型、コーチ型、支援型、委任型の順に変化させると言っています。この変化の状況を次の図6-2で示します。

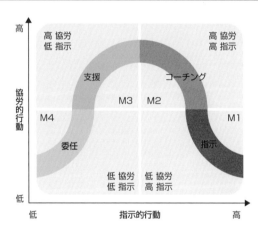

図6-2　SL理論

OSCARモデル

成果：Outcome、状況：Situation、選択や因果関係：Choice/Consequences、行動：Action、評価：Review の頭字語で表現しているモデルで、コーチングとメンタリングのモデルとして有名です。個人が自分自身の能力開発のための行動計画を立てるのに役立ちます。

▶▶ コミュニケーション・モデル

異文化コミュニケーション

　メッセージ自体と伝達方法が、送信者側の文化的背景だけでなく、固定概念や受信者との関係からも影響を受ける、という考え方から、受信者側の文化的背景と送信者との関係からも影響を受けることも認識してコミュニケーションを行う必要があるということです。

コミュニケーション・チャネルの有効性

　コミュニケーションの質を「豊かさ：リッチネス」と捉えてコミュニケーションの有効性について表現しています。顔と顔を合わせた、いわゆるF2Fコミュニケーションはリッチネスが高く、複雑な情報や個人情報などを扱う場合に有効です。単に、単純な事実に基づく情報を伝えるような場合には、リッチネスの低いメールなどのコミュニケーション・チャネルで十分であるという考え方です。

▶▶ 動機付けモデル

衛生要因と動機付け要因

　ハーツバーグは、職業生活における動機付け要因に関する調査を実施して、仕事に対する満足と不満足は、動機付け要因と呼ばれる条件に起因すると考えました。動機付け要因には、成果、成長、昇進など、仕事の内容に関連する事項が含まれて、動機付け要因が不十分な場合は不満足を感じ、十分な場合には満足を感じるということですが、会社の方針、給与、物理的環境など、作業に関連する衛生要因も特定しました。確かに、衛生要因が不十分な場合は不満足を感じるのですが、これらが十分であっても満足にはつながらないということを述べています。いずれにしても個人差があり、ひとり一人が持つ動機付け要因を把握して対応することが大切です。把握のためには、普段からのコミュニケーションが重要です。

内発的動機付けと外発的動機付け

　この部分はすでに「リーダーシップの特性」の項で説明したので、そちらを参照してください。

欲求理論

　デビッド・マクレランドが提唱した理論ですが、次の4つのポイントがあります。

- 達成：ゴールの達成などによって動機付けられる人は、困難だが合理的な活動や作業によってやる気を起こします。
- 権力：権力によって動機付けられる人は、他者を組織化し動機付けて導くことを好みますし、このような人は責任が増えることによってやる気を起こすものです。
- 親和：親和によって動機付けられる人は、受入れられ帰属することを求める傾向にあります。彼らはチームの一員であることによってやる気を起こすとも言えます。
- 回避：失敗を恐れて適度な目標をあえて避けようとする動機です。よく見られる行為では、批判を恐れて周囲に合わせようとすることがあります。

X理論、Y理論、Z理論

そもそもダグラス・マグレガーによって提唱された理論ですが、彼自身のZ理論が完成することなく早世してしまったので、後の人たちがZ理論を提唱しています。

- X理論：人は収入のために働くので、このような人々を動機付けるにはトップダウン方式の指揮が効果的だとしています。
- Y理論：人は本質的に優れた作業を行う意欲を持っていると想定し、個人的なコーチングに似た手法が効果的だとしています。このスタイルは開発など創造的な知能労働者に向いています。そこから「プロジェクトはY理論で進める」と提唱されるようになりました。
- Z理論：第7版ではこの部分について二人の理論を紹介しています。ひとりはアブラハム・マズローで、Z理論を仕事の超越的な次元と位置づけました。個人は自己実現、価値観、より価値のある職業によって動機付けられると考え、このような状況での最適なマネジメント・スタイルは、洞察力と意味付けを育むようにするべきだ、としています。もう一人はウィリアム・オオウチで、彼のZ理論では、従業員とその家族の幸せを重視し、終身雇用を行うことで、従業員を動機づけることに重点を置いています。このようなマネジメント・スタイルは、高い生産性、士気、満足度の向上を目的とする、としています。

▶▶ 育成モデル

タックマンの成長段階

　このモデルは、**タックマン・モデル**とかタックマン・ラダー（梯子）とも呼ばれていて、PMBOKガイドの歴史の中では、古くから取り入れられてきました。タックマンは最初、成立期から遂行期までを定義していましたが、プロジェクトに合わせて解散期を追加しました。この段階を順に説明します。

図6-3　タックマン・モデル

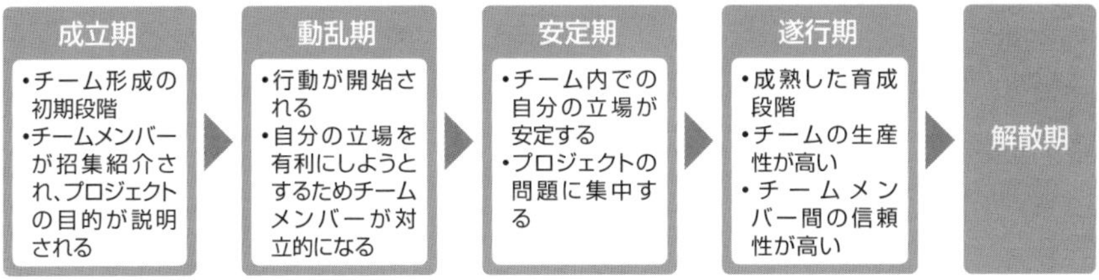

成立期	動乱期	安定期	遂行期	解散期
・チーム形成の初期段階 ・チームメンバーが招集紹介され、プロジェクトの目的が説明される	・行動が開始される ・自分の立場を有利にしようとするためチームメンバーが対立的になる	・チーム内での自分の立場が安定する ・プロジェクトの問題に集中する	・成熟した育成段階 ・チームの生産性が高い ・チームメンバー間の信頼性が高い	解散期

- 成立期:チームが初めて集まる段階で、互いの名前、チームでの役職、スキル・セット、その他の関連する背景情報を理解しますが、まだ心は安定せず心配な状況です。仕事を始めると、すぐに動乱期になります。
- 動乱期:メンバーは、チームでの立場をめぐって争い始めます。メンバーが一緒に仕事する方法を見つけ出そうとする中で対立や争いが起こるので、リーダーはチームの安定を図るためのチーム形成活動を始めます。
- 安定期:チーム内のコミュニケーションが良くなると、チームがひとつの集合体として機能し始めます。お互いに自分の立場と、他のメンバーとどのようにつながり連携すべきかを知るので、コラボレーションが始まります。
- 遂行期:チームの運用効率が高まって、優れたパフォーマンスを発揮します。メンバーは、協働することで、より多くの成果を達成し、高品質のプロダクトを生み出すことができるようになります。チームがこの状態になったらリーダーはサーバント・リーダーシップを発揮することができます。この時点でリーダーが細かい指示を出したり管理したりすると、かえって反発されることがあります。

・解散期：チームは作業を完了し、他の作業に当たるために散開する時期が近づきます。チームが良い関係を築いているほどメンバーはチームから離れることを悲しむ度合いが高くなって、パフォーマンスが落ちる傾向があります。

　この5段階は直線的に進むとは限らず、動乱期のままであったり、安定期と動乱期の繰り返しであったりします。これはチームのリーダーシップの質に関わるので、特にリーダーはこのモデルをよく理解し、戦略的に行動する必要があります。

　また成立期から遂行期までにかかる期間は、リーダーシップの発揮度合いにもよるので、一概には言えませんが、早くても1週間は必要でしょう。ということは、プロジェクトの早期にはチーム形成が完了していないので、理想的なパフォーマンスは見込めないということです。その分をスケジュール・バッファに組み入れるようなリスク対策が求められます。

　さらに、人事異動などの理由でメンバーが入れ替わったり追加されたりした場合は、チームは一旦成立期に戻ります。要するに、新しく参加するメンバーにとってみれば「自分を認めてくれるだろうか」という不安がありますし、遂行期にあるチームであっても「新しいメンバーはチームの足を引っ張らないだろうか」などと心配します。この精神状態から改めてチーム形成を進めるので、リーダーはリーダーシップ・スタイルをサーバント・リーダーシップから指示型に戻して、早く遂行期になれるようにチームをリードします。一旦遂行期を経験したチームが遂行期に戻るのに長い時間を必要としません。

ドレクスラーとシベットによるチーム・パフォーマンス・モデル

　7つのステップからなるパフォーマンス・モデルです。このモデルは、用語も自明で簡単ですし第7版にも詳しい説明があるので、項目だけを示します。

　　　ステップ1：オリエンテーション
　　　ステップ2：信頼関係の構築
　　　ステップ3：ゴールの明確化
　　　ステップ4：コミットメント
　　　ステップ5：実施

ステップ6：ハイ・パフォーマンス

ステップ7：リニューアル

▶▶ コンフリクト・モデル

ケネス・トーマスとラルフ・キルマンのモデル

6つのコンフリクト対処法について紹介します。このモデルはPMBOKガイドの歴史の中でも古くから採用されてきました。ただし第6版では、「対峙／問題解決」と「協力」をまとめて「協力／問題解決」として、5つの項目に集約してあります。

また、「直面」は元来「対峙：Confronting」でしたが、第7版では文脈上の問題から「直面」と訳してあります。また「強制」は、第6版では「強制や指示」でした。

図6-4　6つのコンフリクト対処法

分類	方法
直面／問題解決	・コンフリクトを解決すべき問題として扱う ・当事者間の関係が重要であるときや各当事者が相手の問題解決能力を信頼しているときに使われる
協力	・コンフリクトについて複数の見方を取り入れる ・参加者の間に信頼があり、合意に達するための時間があるときに有効
妥協	・妥協案が示された場合には、「ギブ・アンド・テーク」をいとわない気持ちが不可欠 ・当事者が同等の「力」を持っているときによく使用される
鎮静／適応	・具体的な解決策や妥協案がない場合に、最上位のゴールを達成することが、意見の不一致より重要なときに有効 ・調和の取れた関係を維持し、当事者間に良い関係をもたらす
強制	・協力や問題解決に十分な時間がないときに使われる ・一方の当事者が相手方に自分の意向を強制する
撤退／回避	・双方に得るところがないシナリオに使われる

6-3

活動結果の評価

この節では、チーム・パフォーマンス領域の活動をどう評価するかについて説きます。

▶▶ 期待される成果の確認

最初に提示したこの領域の活動に期待される成果を確認してみましょう。

①オーナーシップの共有

②パフォーマンスの高いチーム

③適切なリーダーシップや人間関係のスキルが、すべてのチーム・メンバーによって実践されている

▶▶ 成果についてのチェック項目

この3項目の達成についての簡単なチェック項目の例を挙げてみます。

①すべてのメンバーが、プロジェクト・ビジョンと目標を理解していること、およびプロジェクトの成果物と成果に責任を持っていることを、面談を通して確認する。

②事前に設定されたチームのパフォーマンス尺度にしたがって評価します。事前に設定されていない場合には、直感的や感覚的にならざるを得ないので、評価した記録の履歴を確認して定性的な評価とします。そのときにはコラボレーションの程度や変化への適応、課題への対応状況を見ながら評価することになります。注意しなければならないことは、問題解決よりも未然防止に努めた仕事を評価できるように考慮するべきだということです。

③プロジェクト作業中に積極的に行動し、他のメンバーへの助力を惜しまず、目的達成に貢献したかどうかを評価しますが、これは面談やチーム・ミーティングのなかで把握します。

これらの内容もあくまで参考として、読者の担当するプロジェクトに見合ったチェック方法を考案してください。

８つの活動領域の勘どころ④
計画
パフォーマンス領域

この章では、８つの活動領域のうち、計画パフォーマンス
領域について、その勘どころを解説します。

7-1

領域の概要と活動の目的

この節では、計画パフォーマンス領域の概要と、その活動の目的を説いていきます。計画は目標への道筋を作ることです。

▶▶ 期待される効果

この領域は、初期、継続中、進化中のプロジェクト組織に関連した活動ですが、プロジェクトの成果物や成果を提供するために必要となる計画と調整を扱います。この領域では、次の成果を期待しています。

プロジェクトは、組織化され、調整され、計画的に進む。
   ○ 予測型の特徴のひとつとして、計画通りに進捗している。
プロジェクトの成果を提供するための総合的なアプローチがある。
   ○ 知識エリアに基づくマネジメント手法が確立されている。
プロジェクトの進展に伴い、実施目的である成果物や成果を生み出すために、情報は詳細化される。
   ○ 段階的詳細化が適切に実施されている
この状況に見合うだけの時間を計画に費やす。
   ○ プロジェクトの規模に見合った計画時間である。
計画は、ステークホルダーの期待をマネジメントするのに十分である。
   ○ 適切なステークホルダー・エンゲージメントとコミュニケーション計画
新たなニーズ、あるいはニーズや状況の変化に基づいて、プロジェクト期間を通じて計画を適合させるプロセスがある。
   ○ 予測型では変更マネジメント計画が実行されている。
   ○ 適応型ではバックログについて適切にマネジメントされている。

▶▶ 計画の概要

　計画の目的は、プロジェクト成果物を作成するための手法を事前に決めることであり、進捗の評価のための基準を事前に決めることです。そのために、ビジョン記述書、プロジェクト憲章、ビジネス・ケースなどの初期のプロジェクト文書を段階的に詳細化し、成果を達成するための調整された道筋を明らかにし、計画書にまとめます。そのプロジェクトの計画へ費やす時間は、状況によって決まります。よく、大は小を兼ねるとばかりに大規模プロジェクトのやり方を小規模プロジェクトの計画へ反映させることがありますが、無駄としか言いようがありません。

　規模に関わらず考慮すべきことは、初期の計画において、財務的な影響に加え社会的影響や環境への影響（トリプル・ボトムライン）を採り入れることです。例えば、プロダクト、プロセス、あるいはシステムが、環境へ及ぼす潜在的な影響を評価するためのプロダクト・ライフサイクル・アセスメントが必要です。そのためにはプロダクトやプロセスの設計に情報を提供するときに、持続可能性、有害性、環境に関する原材料やプロセスの影響を考慮しなければなりません。

▶▶ 計画変数

　ひとつとして同じプロジェクトはないので、計画の量、タイミング、および頻度もそれぞれ異なるものになります。ということは計画を立てるときになんらかのパラメーターがあるということです。例えば、次の要素があります。

- ・開発アプローチ：予測型、適応型、ハイブリッドによって計画手法が異なります。
- ・プロジェクト成果物：成果物によっては、計画手法が限定されます。例えば建設プロジェクトでは、事前に入念な計画を立てる必要があります。
- ・組織の要求事項：組織のガバナンス、方針、手順、プロセス、文化によっては、特定の計画作成物を作る必要があります。
- ・市場の状況：市場投入までの期間を短縮することに重点を置くときは、事前の計画を最小限にします。
- ・法律や規制による制約：法律に抵触する場合には、プロジェクトの開始や成

第7章　8つの活動領域の勘どころ④計画パフォーマンス領域

果物についての詳細な計画書を求められることがあります。

▶▶ 計画の主な要素

　計画の主な要素である、デリバリー、見積り、スケジュール、予算、について説明します。

1. デリバリー

　計画は、ビジネス・ケース、ステークホルダーの要求事項、プロジェクトとプロダクトのスコープを理解することから始まります。

①予測型：

　事前のプロジェクト成果物の概要レベルから始めて、これをより詳細へと要素分解します。一般にWBS(Work Breakdown Structure)を作成します。

②反復型や漸進型：

　概要のテーマやエピックをフィーチャーへと要素分解し、さらにユーザー・ストーリーなどのバックログ項目に分解します。

③優先順位：

　多額の投資が行われる前に、独自性、重要性、リスク、または新規性のある作業を優先的に行うように設定します。

2. 見積り

　見積りとは、プロジェクトのコスト、資源、作業工数、所要期間などの変数の予測される数値や成果を定量的に査定することです。具体的には、作業工数、所要期間、コスト、人員、物的資源などがありますが、プロジェクトの進展に伴い、現在の情報や状況に基づき見積りが変更されることがあります。見積りは「推測」とも言われますが、将来のある時点で消費される時間や予算を推定することに違いないからです。日本のビジネス慣行では、この推定が「確定見積り」として約束事になっているのが特徴です。

　プロジェクトの進捗は、見積りに関する次の4つの項目に影響を及ぼします。

1.振れ幅：

情報が少ないプロジェクトの開始時には、見積りの振れ幅が広くなる傾向がありますが、図7-1は有名なベームのコスト見積りの図ですが、プロジェクトの進捗に連れて振れ幅が少なくなっていく様子を表しています。

図7-1 コスト見積りの振れ幅

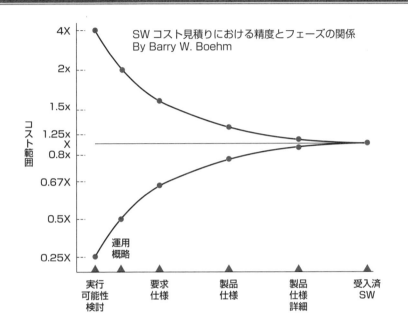

2.正確さ：

正確さとは見積りの正しさで、正確さが低いほど取りうる値の幅が大きいことを意味します。プロジェクト開始時の見積りは、プロジェクトの途中で作成された見積りよりも正確さが低いとも言えます。

3.精密さ：

見積りに関連する厳密さの度合いのことです。「今週中に」よりも「2日間」の見積りのほうが精密と言えます。

7-1　領域の概要と活動の目的

図7-2　正確さが低く精密さが高い例

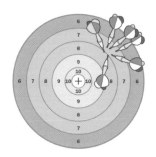

出典：PMBOKガイド

4. 信頼度：過去の類似プロジェクトでの作業経験は、信頼度に役立ちます。
   新しい技術要素では、見積りへの信頼度は低くなります。

5. その他の見積り要素

   ○ **決定論的見積り（単点見積りや一点見積りとも呼ばれる）：**
   「36か月」というような単一の数値または量で表します。

   ○ **確率論的見積り：**
   範囲内の発生確率に沿った見積り範囲で表します。例えば、次のいずれ
   かの方法により算出します。

   ● **とりうる複数の値の加重平均：**
   三点見積り法（三角分布、ベータ分布）図7-3はベータ分布による三
   点見積り法の例ですが、楽観値、最頻値、悲観値の3点から期待値を
   算出します。そのときに最頻値を4倍して、次のように算出します。

   ベータ分布による期待値＝（楽観値＋最頻値×4＋悲観値）÷6

   この値は三角分布から算出する期待値よりも精度が高いと言われてい
   ます。

   三角分布による期待値＝（楽観値＋最頻値＋悲観値）÷3

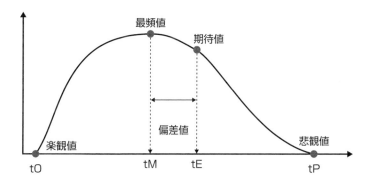

図7-3　三点見積りの例

- シミュレーション（モンテカルロ法）により、特定の結果の確率分析を行う
○ 絶対的見積りと相対的見積り
  - 絶対的見積り：特定の情報であり、実際の数値で表します。
  - 相対的見積り：他の見積りと比較した表示であり、特定のコンテキスト内でだけで意味を持ちます。

    その例として、適応型で使われるユーザー・ストーリーにポイントを付与する場合には、相対的な数値を割り当てます。そのときに使われるツールに「プランニング・ポーカー」があります。一般のトランプ・カードの形状をしたもので、図7-4に写真を掲載します。対象とするユーザー・ストーリーをすべて調べて、もっとも小さいと思われるストーリーを1点として、他のストーリーにはそれと比較した大きさの数値を適用します。プランニング・ポーカー上の数値には「フィボナッチ数列」が使われているので64種類のストーリー・ポイントが割り当てられることになります。新しく追加されたストーリーの見積りには、前回の作業に割り当てられたポイントと比較した数値が割り当てられます。

第7章　8つの活動領域の勘どころ④計画パフォーマンス領域

図7-4　プランニング・ポーカー

　　○ フローベースの見積り

　　　サイクル・タイムとスループットを決定して見積もる手法です。サイクル・
　　　タイムは、1ユニットが、あるプロセスを通過するまでにかかった合計経
　　　過時間になります。スループットは特定の時間内にプロセスを完了できる
　　　品目数で、これら二個の数値から、指定された作業量の残作業見積りを
　　　行います。

　　○ 不確かさの予測の調整

　　　見積りは本質的に不確かなので、リスクとしてマネジメントする必要があ
　　　ります。見積りの振れ幅分のリスク対策を追加することが望ましいのです。

3. スケジュール

　スケジュールは、所要期間、依存関係、その他の計画情報など、プロジェクトの
活動を実行するためのモデルです。予測型でも適応型でもスケジュール計画を策
定します。

　①予測型における段階的なスケジューリング・プロセス

　　○ ステップ1：WBSのワークパッケージをアクティビティに要素分解する。

　　○ ステップ2：アクティビティの順序を設定する。

　　○ ステップ3：アクティビティに必要な所要期間、人員、物的資源を見積もる。

　　○ ステップ4：可用性に基づきアクティビティに人員と物的資源を割り当て
　　　る。

○ ステップ5：スケジュールが合意されるまで、順序、見積り、および資源を調整する。

②順序設定

○ プレシデンス・ダイアグラム法：アクティビティ間の論理的な順序設定技法で、4つの関係を図7-5のように表現します。論理的順序関係をすべてのアクティビティに適用して図7-6のようなネットワーク図を描きます。この図をプレシデンス・ダイアグラム（先行図）と呼びますが、これに所要期間などの情報を追加すれば「クリティカル・パス」が算出され明確になります。クリティカル・パスはプロジェクト全体のスケジュール・ボトルネックを表しますので、それがプロジェクトの総作業期間を決めることになります。これが、ステークホルダーが希望するデリバリーにそぐわない場合には、何らかの短縮技法が必要になります。

図7-5　論理的順序関係

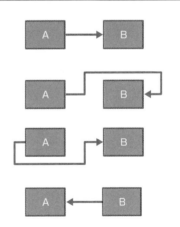

終了-開始（Finish to Start：FSタイプ）
Aが終了するまでBは開始できない

終了-終了（Finish to Finish：FFタイプ）
Aが終了するまでBは終了できない

開始-開始（Start to Start：SSタイプ）
Aを開始するまでBを開始できない

開始-終了（Start to Finish：SFタイプ）
Bを開始するまでAを終了できない

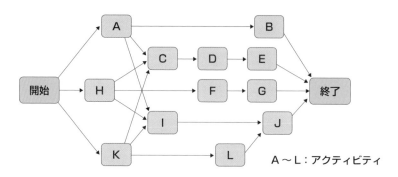

図7-6　ネットワーク図の例

③短縮技法：スコープを削減せずにスケジュールを短縮する技法には、次の
二つがあります。

○ **クラッシング：**

クリティカル・アクティビティ（クリティカル・パス上のアクティビティ）
に最小資源追加で期間を短縮します。例えば、人員の追加、残業、デリ
バリーの迅速化のための追加支払いなどが行われます。予算に関するリ
スクを考慮する必要があります。

○ **ファスト・トラッキング：**

通常は順番に実施されるアクティビティやタスクを所要期間の一部で並
行して実行します。作業順序の変更になるので、資源の可用性、作業や
成果物の品質等についてのさまざまなリスクを考慮する必要があります。

リードとラグ：スケジュール・ネットワーク・パス（経路）に沿って、リー
ドやラグを適用することで最適化を図ることができます。リードとラグにつ
いて図7-7に図示します。この中でA(10)と表示されているものは、アクティ
ビティ A の所要期間が 10 日であることを示しています。FS－5 はAの終
了予定の 5 日前にBを始めることを意味します。FS＋5 はAの終了後 5 日
後にBを開始することを意味します。

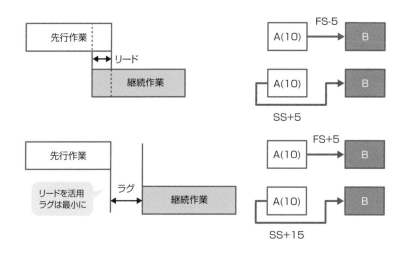

図7-7　リードとラグ

- リード：

  先行アクティビティが終了する前に後続アクティビティを開始するなど、後続アクティビティの作業を前倒ししている部分を指します。この手法には手戻りリスクが考えられますから、リスク対策が必要です。

- ラグ：

  後続アクティビティを、意図をもって遅らせることで、アクティビティが終了するのを待ってから次のアクティビティを開始する（終了−開始関係）のではなく、先行アクティビティの終了後の一定時間経過後に、後続アクティビティを終了させる（終了−終了関係）ようにスケジュールします。例えば、土壌が固まるまでの時間やペンキが乾くまでの時間を設定するときに使います。

④依存関係：スケジュールを短縮するときは、アクティビティ間の依存関係の性質を判断することが重要です。依存関係には、次の4種類があります。

- 強制依存関係：

  契約で要求されていたり、あるいは作業の性質上、必然的に存在したりする関係です。このタイプの依存関係は、通常、変更できません。例えば、

土台を作らない限り上物は作れません。

○ **任意依存関係：**

ベストプラクティスまたはプロジェクトの選好に基づいた関係で、このタイプの依存関係は自由に変更できます。自由ですが、変更した結果クリティカル・パスが変わる可能性に注意します。

○ **外部依存関係：**

プロジェクト・アクティビティと非プロジェクト・アクティビティとの関係です。このタイプの依存関係は、通常、変更できません。例えば、ソフトウエア開発ではハードウエアを入手するまでは総合テストが実施できません。

○ **内部依存関係：**

プロジェクト内部の都合による関係で、このタイプの依存関係は変更できます。例えば、複数作業を兼任する場合には「複数作業を同時には実行できない」という原則に基づく制約があります。

⑤暫定スケジュール：一旦スケジュールができあがっても、スコープや予算との調整が必要になるので、それまでは暫定スケジュールとします。スコープ、予算、スケジュールの3つが確定した時点で、それら3つをベースライン（もしくは総称してパフォーマンス測定ベースライン）と呼び、管理基準とします。

⑥適応型におけるスケジューリング：「スクラム」を例にとって説明します。

○ **リリース計画：**

基本的なフィーチャーと機能のデリバリー計画で、一回のリリースの期間は、顧客のビジネス・ニーズに基づいて設定されます。各リリースには、複数のイテレーション（スプリント）が設定されます。そのイテレーションごとに、事業価値やステークホルダーへの価値を創出します。

○ **スプリント計画：**

一回のスプリントの期間は、考え方としてWBSのワークパッケージの管理サイクルに相当します。通常4週間で設定し、ユーザー・ストーリーの追加頻度や変更要求の頻度が多くなることが見込まれる場合には、短く

設定します。

○ **タイムボックス：**

一回のスプリントには、「計画と見積り」、「実行」、「レビューと振り返り」が必ず設定されます。これらの所要期間は固定されて「タイムボックス」と呼ばれます。例えば4週間のスプリントの場合には、スプリントの最初の日の8時間を「計画と見積り」に充てます。そして最後の日の午前中の4時間を「レビュー」に充て、午後の4時間を「振り返り」に充てます。4週間は20日だとして、「計画と見積り」＋「レビューと振り返り」＝2日間が決まります。そうすると残りの18日間で「実行」することになります。実行の総時間は一日8時間として18×8＝144時間ですが、さらにデイリー・スタンドアップ・ミーティングが15分ありますので15×18＝270分＝4.5時間は使えません。つまり144－4.5≒140時間で実行するわけです。さらにオーバーヘッド分を30%と見積もると、正味の作業時間＝14×70%＝98時間となります。オーバーヘッド分を20%に抑えたとしても112時間ですから、およそ100時間と考えればいいでしょう。要するに4週間のスプリントでの正味作業時間は100時間しかない、ということです。なぜこのような計算をしているのかというと、プロダクト・バックログから優先順位に従って引き抜いた複数のユーザー・ストーリーを完成させるためのタスクの作業時間見積りから、どのユーザー・ストーリーを完了できるのかについて分析し、プロダクト・オーナーにコミットするためです。コミットしたユーザー・ストーリーをスプリント・バックログとします。ひとつのユーザー・ストーリーの規模が大きすぎて一回のスプリントに収まらないような場合には、そのユーザー・ストーリーをさらに細かく分解します。ここで注意しなければいけないのは、タスクの所要期間見積りを行うのは、実際に作業を担当するメンバーだということです。実際には「計画と見積り」の中で、チーム内で作業時間見積りを行って、担当するメンバーの力量に合わせて確定するのです。この様子を図7-8に示します。

図7-8 リリース計画とスプリント計画

コミットしても完成できなかったユーザー・ストーリーは、当然、最終日のレビューには間に合いません。レビューはあくまで完了したユーザー・ストーリーを対象としているので、できあがった分だけのレビューを行います。振り返り（レトロスペクティブ）の結果、未完了のユーザー・ストーリーは一旦プロダクト・バックログに戻されるので、プロダクト・バックログ内ユーザー・ストーリーの再優先順位付けがプロダクト・オーナーによって行われます。さらに完了できなかった原因をチーム全員で分析し、フォローアップとして改善活動や実験を行います。

⑦作業工数と所要期間の関係：スケジュールを調整する場合に、クラッシングを採用して期間短縮を図ることがありますが、対象となる作業の特性によって効果が違います。

○ **可変時間作業：**

　人員を追加することで期間を短縮可能な作業です。この手法が機能する程度には限界があり、それを超えると人員の追加がかえって期間延長につながることがあります。

○ **固定時間作業：**

　人員を追加しても期間短縮ができない作業です。例えば、テストの実行

や従業員トレーニングなどがあります。

　いずれにしても、人員の追加による所要期間の短縮量を判断するための決まった公式はありません。フレデリック・ブルックスが1975年に発刊した「The Mythical Man-Month（邦題：『人月の神話』）によると「遅れているソフトウェア・プロジェクトへの要員追加は、プロジェクトをさらに遅らせるだけである」とあります。これを一般にブルックスの法則と呼んでいます。そこで具体的なプロジェクト進捗遅れについて図7-9で考えてみましょう。

図7-9　プロジェクト遅延対策

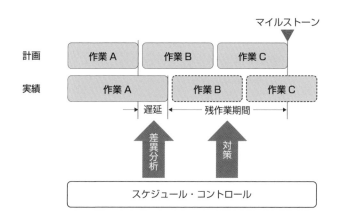

　レビュー時点で作業Aが予定より遅れていることが判明しました。バッファーはすでに使い果たしている状況です。作業Cをキャンセルしても良ければ問題はありませんが、そうはいきません。ここで「人を入れろ！」と号令がかかることがあります。PMBOKガイド流に言えば、人・モノ・カネという資源を追加する「クラッシング」か、並行作業とする「ファスト・トラッキング」対策が考えられます。問題は、どの作業に、どのように対策するかです。正解はありませんが、対策例を挙げてみますので、読者も一緒に考えてみてください。作業の特性にもよるので、ここでは単にソフトウエア開発としましょう。

①作業Aへの対処：専門家の技術支援および外部阻害要因からの遮断（サーバント・リーダーシップ）が必要です。ここに単に人員を追加すると、ブルックスの法則で言われるように、遅れが増すだけです。

②作業Bへの対処：Aの終了を待たずに開始しますが、ただしAの作業結果によっては手戻りがあるので、慎重に行います。そのため当初の作業期間見積りを長めに変更します。人を追加しようとして作業分割しても、その分割作業のために余計な時間がかかってしまうので、その時間とのトレードオフを考慮しなくてはなりません。

③作業Cへの対処：作業分割を行って人員を追加し、Bの終了を待たずに、Bの進捗を見ながら開始します。

④全体：人員増加ができない状況ならば、スケジュールと資源とのトレードオフを考えざるを得ません。つまり遅れを認めて次善の策を考えます。

4. 予算

　予算作成は、見積り情報からコストを見積もり、必要なコストを集約して、さらにコストの発生時期に合わせて時系列に並べて支出計画を策定することです。この支出計画に累積値を含めてグラフ化すると、典型的な予測型では「S」のように見えるので「Sカーブ」とも言います。その例を図7-10に示します。あまり「S」の形にはなっていませんが、プロジェクトの立上げと計画ではコスト微増で、実行段階で増え始め、終結近くで減り始めている様子がわかります。要するに作業員数の増減によって人件費が変化しているのです。

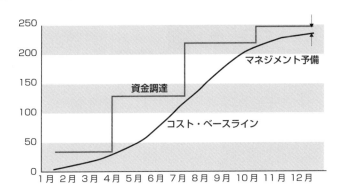

図7-10　コスト・ベースライン

マネジメント予備

資金調達

コスト・ベースライン

　累積値はプロジェクトへの投資額の累積であり、その分の価値創出を期待している、という観点で出来高の管理基準となります。つまりコスト・ベースラインが設定されるわけです。このベースラインの全体を見ながら、特定の予算期間に承認された資金と予定されている作業とのバランスを取ります。予算期間に資金の制限があるときには、作業スケジュールの変更が必要になることがあります。例えば、期末に予定されている作業に必要な資金が充てられないような場合には、その作業のスケジュールを変更するのです。このことを第6版では「資金限度額による調整」と呼んでいます。

　コスト・ベースラインには、不確かさに備えてコンティンジェンシー予備費を含める必要があります。これは通常、個別リスクのための引当金の性格をもちます。さらに、スコープ内の作業に関する想定外の作業に備えて、マネジメント予備を確保しますが、これはコスト・ベースライン外の予算で、プロジェクト・マネジャーの管理範囲ではありません。プロジェクト進捗中にコスト・ベースラインを超えてしまって容易に戻せないような場合には、スポンサーへエスカレーションして、マネジメント予備からベースラインへの資金追加を申請することができます。図7-11のコスト構造を参照してください。ちなみに第7版の図（PMBOKガイド第7版P63）は正しくありませんので注意してください。

図7-11　プロジェクト予算構成

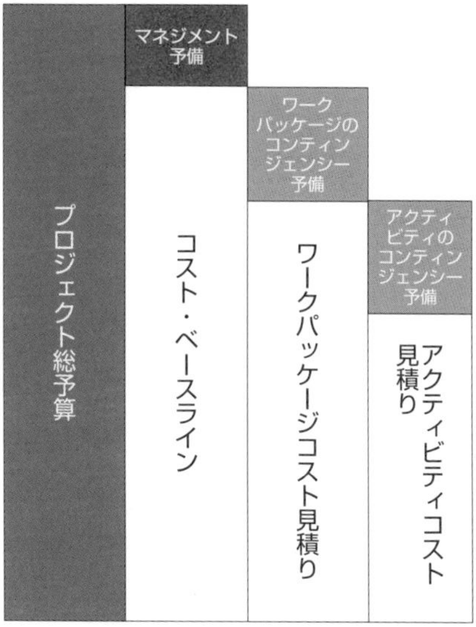

5. プロジェクト・チームの編成と構造

　チームの編成計画は、作業に必要なスキル・セットの特定から始めます。その中で重要な要素は、同様プロジェクトでの熟練度や経験年数です。プロジェクトの独自性を考えるとなかなか適切な人が見つからないものです。そこで組織外からメンバーを確保しなければならないことが往々にしてあります。その場合に、社外のベンダーに依頼するときにはコスト・バランスを検討する必要があります。さらにトレーニング計画も必要になります。

　作業場所についても、理想は同一場所（コロケーション）です。同じ部屋で一緒に活動していると、わざわざミーティング等の時間を取らなくても「浸透（Osmotic）コミュニケーション」のメリットを享受できるのです。「浸透コミュニケーション」とは、例えば、自分以外の人たちがディスカッションしているときに、その中に直接参加していなくても、会話を聴いたり雰囲気を感じたりするので、自然とコミュニケーションが取れている状態をいいます。

　いろいろな条件により分散せざるを得ないことがあります。在宅勤務などのように物理的に分散しているチームをバーチャル・チームと言います。メンバーは異な

る都市、タイムゾーン、または国に居住していることがあるので、人々をつなぐためにITを活用する必要があります。そのための時間やコストについて計画に盛り込むことが大切です。

「バーチャル：Virtual」という用語は一般に「仮想」というように使われますが、辞書には「実際に」とか「事実上」という意味が出ています。ここでは「離れていても実際にはひとつのチームである」というように使います。

6. コミュニケーション

コミュニケーションは、ステークホルダーと効果的に関わる上で最も重要な要素です。よく失敗プロジェクトの原因を聞くと「いやー、コミュニケーションが悪くって…」というコメントが口をつきます。逆に成功プロジェクトの要因には「うちは、コミュニケーションが良かったんです」というコメントが返ってきます。それほど重要なポイントにもかかわらず、コミュニケーション計画をしっかり立てて実行していないケースがあるということでしょう。特に日本国内のプロジェクトでは、同一民族で同一言語という特性があるので、細かいコミュケーション計画は不要だった時代がありました。最近は、「言った、言わない」、「私はこう聞いた、いや私はこう聞いた」というようなコミュニケーションの問題が顕在化し、訴訟になってしまったケースが後を絶ちません。昨今は、グローバル化とは言わないまでも「多様性」を重んじるようになったので、コミュニケーション計画の重要性が増してきたのです。

プロジェクトにおけるコミュニケーション計画のポイントを挙げてみました。

- ・ 誰が情報を必要としているのか
- ・ どのような情報を各ステークホルダーが必要とするのか
- ・ なぜステークホルダーと情報を共有する必要があるのか
- ・ 情報を提供する最善の方法は何か
- ・ いつ、どのような頻度で情報が必要とされるのか
- ・ 誰が必要な情報を持っているのか

これらの問いに答えるように計画を立てるのですが、ほとんどが「ステークホルダー・エンゲージメント計画」と重複したり整合をとったりする必要がある項目ばかりです。

第7章　8つの活動領域の勘どころ④計画パフォーマンス領域

コミュニケーションに使用される情報カテゴリーには、次のものがあります。当然、機密情報や機微情報の取り扱いには相応の注意や仕組みが必要になります。

- ・内部情報と外部情報
- ・機密情報と公開情報
- ・一般情報と詳細情報など

7. 物的資源

物的資源とは、「人」以外の資源であってプロジェクト作業に必要な「モノ」のことです。例えば、資材、機器、ソフトウエア、テスト環境、ライセンスなどがあります。ほとんど場合は外部から入手する必要がありますが、基本的な発注契約を使う単純なものから、複数の大規模な調達活動のマネジメント、調整、統合といった複雑なものまであります。したがって、資材の配送、移動、保管、廃棄のリード・タイムや、現場への資材の到着から完成したプロダクトの納入まで資材の在庫を追跡する手段を考慮しなければなりません。大量の資材を必要とする場合は、注文から納入、使用までのタイミングを戦略的に考え計画する必要があります。例えば、一括注文と保管コストの比較評価、グローバル・ロジスティックス、プロジェクトの継続可能性、プロジェクトの残作業を考慮した物的資産のマネジメントなどが含まれます。

8. 調達

人的資源にしろ、物的資源にしろ、組織外部から獲得しようとする場合には、調達活動がプロジェクト中にいつでも行われ終了します。この活動を図7-12に示します。

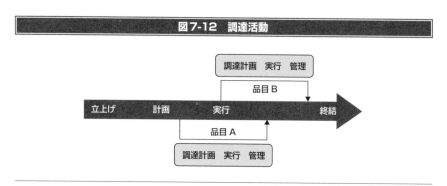

図7-12 調達活動

図7-12では、品目ごとに3つのプロセスがまとまって稼働するように描かれています。それは調達活動の基盤が「契約」にあるので、契約ごとのプロセスにならざるを得ないからです。3つのプロセスを簡単に紹介します。「作業パフォーマンス領域」で示される図7-14も参考にしてください。

- ・調達計画：契約の準備活動
- ・調達実行：契約締結
- ・調達管理：契約に基づく管理活動

調達計画では、スコープの概要が明らかになったら内外製分析を行って、内製よりも外製の方が良いと判断されたら外注契約のための準備を行います。

9. 変更

変更は、プロジェクト期間を通じて発生します。その原因には、リスク事象の発生、プロジェクト環境の変化、顧客要求、その他さまざまな理由がありますが、必ずしも変更要求のすべてに対応するわけではありません。しかしながら正当な理由があれば対応するのは当然です。そのためにプロジェクト期間を通じて計画を適応させるプロセスを準備する必要があります。例えば、変更管理プロセス、バックログの再優先順位付け、ベースラインの再設定などがあります。さらに、契約上の要素を持つプロジェクトは、契約変更のために定められたプロセスに従う必要があります。通常このプロセスは契約書に明記します。

10. メトリックス

計画、デリバリー、測定のパフォーマンス領域は「メトリックス」で結ばれています。そこに「重要なことだけ測定せよ」というセリフがあります。つまり、何をどのような頻度で測定するかを決めることが大切です。「メトリックス」を確立する場合には、管理基準のしきい値を設定しなければなりません。要するにベースラインからの差異の許容範囲を決めることです。

例えば、スケジュール・ベースラインのしきい値を±3%に設定するとします。これが何を意味するのかというと、スケジュール進捗管理の基準からの逸脱の限界を表します。逆に言えば、この範囲内での進み・遅れは問題にしないということです。そうすると納期と言うマイルストンに間に合わなくなってしまいそうですが、プロジェクト内部での納期目標をしきい値分早くセットします。例えば100日間

のプロジェクトでしきい値を±3%とするならば、3%分ですから3日間前に設定するのです。その3日はプロジェクト・バッファーとして機能します。要するに管理サイクルでのレビュー時には、クリティカル・パスの進捗について差異分析を行い、傾向分析の結果とともに対策の元とするのです。

　コスト・ベースラインの場合は、―5%、+10%程度に設定することが多いようです。まず、よく過ちを犯しやすい事例を挙げてみましょう。しきい値が+5%であることは、予算を5%まで超過しても良い、と考えがちです。しかしながら予算額は、組織の財務部門や会計部門に届けられて承認されているものです。したがって通常のコスト管理の中ではその値を超過することは許されません。ですから、プロジェクト予算を申請する場合には+5%の額で申請して、運用はその額をしきい値の上限にすればよいのです。当然、アーンド・バリュー法にも応用できます。そうすれば傾向分析と合わせて、赤字にする可能性は少なくなります。

　いずれにしてもスケジュールと予算のパフォーマンスに関するメトリックスは、組織の標準によって決まります。

　プロダクトについてのメトリックスは開発中の成果物に関連するので、スコープ管理として、管理サイクルと整合させたワークパッケージの進捗管理を実行します。さらに品質のメトリックスを設定すると、スケジュールとコストに影響を与えますから、品質コストを十分に考慮に入れて、テスト計画や検査計画を立てる必要があります。

11. 整合

　計画活動と作成物（文書）は、プロジェクト期間を通じて常に統合されなければなりません。例えば、メトリックスの項で述べたスコープと品質に関わる文書類は必ず整合していなくてはなりません。プロジェクトのタイプに応じて文書類を追加します。

　プロジェクトのベースラインであるプロジェクトマネジメント計画書は、プロジェクトの進捗にあわせて更新され、他の文書類と整合した上に、常に最新版になっていなければなりません。「計画に沿って活動する」ことを原則にしている予測型では、基本中の基本といえます。このことは「計画プロセスには終わりがない」と言われる所以です。図7-13にその状況を表します。

図7-13　プロジェクト計画の整合

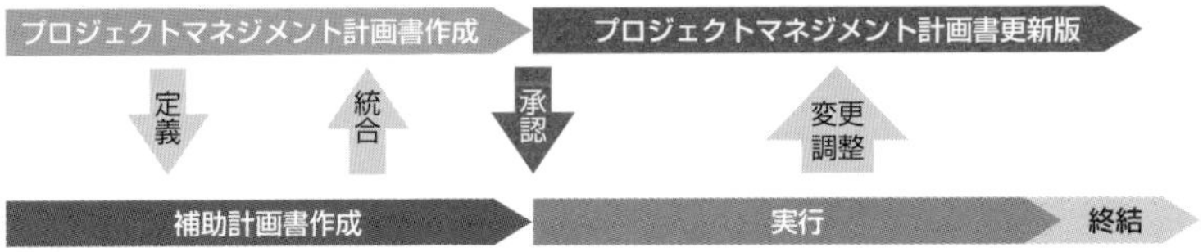

| プロジェクトマネジメント計画書作成 | プロジェクトマネジメント計画書更新版 |

定義　　統合　　承認　　　　変更調整

| 補助計画書作成 | 実行 | 終結 |

　プロジェクトの作業が、同時にリリースする他のプロジェクトと並行して行われることがあります。この場合は、プロジェクト作業のタイミングは、関連するプロジェクトの作業や定常業務のニーズに整合させる必要があります。

　大規模プロジェクトでは、プロジェクトマネジメント計画書に多くの文書類を統合しますが、小規模プロジェクトでは詳細なプロジェクトマネジメント計画書は非効率になります。要するにプロジェクトの特性に見合った計画書の規模にするべきです。タイミング、頻度、計画の程度には関係なく、プロジェクト各側面との整合をとり、統合することには変わりありません。

▶▶ 活動のためのツールと技法

　この領域には数多くのモデルやツールと技法があるので、前項の中で紹介してきましたが、PMBOKガイドに記載のある方法について名称だけを紹介します。

図7-14　計画パフォーマンス領域でよく使われる方法

分類	方法
データ収集・分析方法	代替案分析、前提条件・制約条件分析、ビジネス正当性分析、品質コスト、デシジョン・ツリー分析、アーンド・バリュー分析、期待金額価値、インフルエンス・ダイアグラム、ライフサイクル・アセスメント、内外製分析、発生確率・影響度マトリックス、プロセス分析、回帰分析、感度分析、シミュレーション、ステークホルダー分析、SWOT分析、バリュー・ストリーム・マッピング、What-If シナリオ分析
見積り方法	親和性グルーピング、類推見積り、ファンクションポイント、複数点見積り、パラメトリック見積り、相対見積り、単点見積り、ストーリー・ポイント見積り、ワイドバンド・デルファイ
会議とイベントの方法	バックログの洗練、入札説明会、デイリー・スタンドアップ、イテレーション計画、教訓、計画、リリース計画、レトロスペクティブ
その他	インパクト・マッピング、タイムボックス

7-2

活動結果の評価

この節では、計画パフォーマンス領域の活動をどう評価するかについて説きます。

▶▶ 期待される成果の確認

最初に提示したこの領域の活動に期待される成果を確認してみましょう。

①プロジェクトは、組織化され、調整され、計画的に進む。

②プロジェクトの成果を提供するための総合的なアプローチがある。

③プロジェクトの進展に伴い、実施目的である成果物と成果を生み出すために、情報は詳細化される。

④この状況に見合うだけの時間を計画に費やす。

⑤計画は、ステークホルダーの期待をマネジメントするのに十分である。

⑥新たなニーズ、あるいはニーズや状況の変化に基づいて、プロジェクト期間を通じて計画を適合させるプロセスがある。

▶▶ 成果についてのチェック項目

これら6項目について、具体的な評価の例を挙げてみましょう。

①予測型プロジェクトでは、計画書に沿って作業し、必要に応じてタイムリーに更新されていることを品質監査やプロジェクト監査にて確認する。

②事業価値実現サイクルのような仕組みがあり、機能している。

③段階的詳細化を示す文書類が構成管理されている。

④初期の計画策定の時間は、予測型の場合、全体の数％以内である。この値は組織の経験に基づいて決める。

⑤計画内容は、ステークホルダーにとってわかりやすく最小限の量である。

⑥予測型では堅牢な変更管理プロセスが構築されている。適応型では、プロダクト・バックログの洗練が継続してなされている。

これらの項目を参考にして、実際のプロジェクトのためのアイデアを出してください。

第**8**章

8つの活動領域の勘どころ⑤
プロジェクト作業パフォーマンス領域

この章では、8つの活動領域のうち、プロジェクト作業パ

フォーマンス領域について、その勘どころを解説します。

8-1

領域の概要と活動の目的

この節では、プロジェクト作業パフォーマンス領域の概要と、その活動の目的を説いていきます。

▶▶ 期待される効果

この領域は、プロジェクトのプロセスの確立、物的資源のマネジメント、学習環境の強化に関する活動と機能を扱い、その結果、次の成果を期待しています。

①効率的で効果的なプロジェクト・パフォーマンス
②プロセスは、プロジェクトと環境に適している
③ステークホルダーとの適切なコミュニケーションとエンゲージメント
④物的資源の効率的なマネジメント
⑤調達の効果的なマネジメント
⑥変更の効果的な処理
⑦継続的な学習とプロセス改善による、チーム能力の向上

▶▶ プロジェクト・プロセス

チームの作業プロセスを確立し、定期的にレビューします。例えば、プロセスにボトルネックがあるか、作業が期待の速度で流れているか、進行を妨げる障害があるか、などについて分析して、必要に応じて改善したり、プロジェクトのニーズや環境に合わせてプロセスを最適化するようにテーラリングしたりします。その方法には、次の例があります。

・**リーン生産方式：**
  バリュー・ストリーム・マッピングなどの技法を使って、ひとつひとつの活動やプロセスに付加価値があるかどうかを見極めて、無駄な作業を排除するように努めます。

- レトロスペクティブや教訓：

    チームが自らの作業方法をレビューし、プロセスと効率を改善するための変更を提案し、必要に応じて実験を行って、その結果を次の作業に反映させます。

- 「資金の次善の投入先はどこか」と問い続け、そもそもの目的である「価値実現」を最適化するためには現在の作業を続けるかどうかを判断します。

　しかしながら、このような活動にチームが労力をかけることで、本来の開発作業に影響を及ぼしかねません。そこで、組織のガバナンス・ニーズを満たしながら、プロセス適合性のレビューから得られるベネフィットを最大限にするために適した、過不足ない時間をかけてレビューすることが大切です。

　プロセスは、当然、効率的かつ効果的であるべきですが、目標とする成果を達成するだけでなく、品質要求事項、規制、標準、組織の方針などを遵守する必要があります。そのために、プロセスの評価にはプロセス監査と品質保証活動を含めることによって、プロセスが確実に守られ意図した成果を達成できるのです。

▶▶ 競合する制約条件のバランスをとる

　プロジェクトを成功に導くには、作業に関する制約条件を理解する必要があります。制約条件は、プロジェクト・チーム外によって決められた条件で、チームでは通常変えられません。

　例えば、固定納期、法規制の遵守、事前に定義された予算、品質方針、トリプル・ボトムライン（財務的影響、社会的影響、環境への影響）の考慮事項などがあります。これらの制約条件は変化することがあります。「変化」や「変更」そのものがリスクになるので、前提条件と一緒に「前提条件ログ」に記載して管理する必要があります。さらに複数の制約条件が競合することがあるので、ステークホルダー満足度を維持し、変化する制約条件のバランスを取ることが重要です。

　例えば、プロジェクトの進捗遅れという事態に対処するときに、資源を追加するクラッシングを計画することがあります。これはスケジュールの制約条件に対応するための行為ですが、一方、予算超過と言うリスクがあります。このような事態を

解決するためには、顧客、スポンサー、プロダクト・オーナーなどと会って、代替案や影響を提示する必要があります。このようなバランスを取る活動は、プロジェクト期間を通じて常に行われるものです。

▶▶ チームが注力すべき観点の維持

　プロジェクト・マネジャーは、チームが注力すべきことと注力の度合いを評価し、バランスを取らなくてはなりません。プロジェクト進捗の短期的・長期的な予測を行なって評価することも大切な仕事です。

　また、メンバーが仕事に満足し、モチベーションを維持しているかを評価し、チームの注力の度合いを、健全なバランスで保つようにリーダーシップを発揮します。その上で、生産（価値の実現）に注力しながら、チームの生産能力（チームの健全さと満足度）を守る必要があります。

　要するに、チームが価値の実現に注力し、課題、遅延、コスト超過などが発生したときに、すぐに気付けるようにすることが重要です。

▶▶ プロジェクトのコミュニケーションとエンゲージメント

　プロジェクト作業は、チーム・メンバーやステークホルダーのエンゲージメントの維持に努力することを含みます。エンゲージメントで重要なことはコミュニケーションであり、情報の伝達が重要です。情報は会議や会話で収集したり、電子リポジトリから取得したりしますが、収集した情報は、コミュニケーション計画に従って配布することになります。

　ステークホルダーからコミュニケーションの方法についての要望が寄せられることがあります。例えば、情報、プレゼンテーション、報告書、などの内容や形式について、いろいろな要望が頻繁に寄せられるとしたら、もともとのコミュニケーション計画がステークホルダーのニーズを満たすのに不十分であったと言わざるを得ません。この状態を改善するためには、コミュニケーション計画だけでなく、エンゲージメント計画も見直す必要があります。

▶▶ 物的資源のマネジメント

　第三者からの資材や物品を必要とするプロジェクトでは、物的資源の計画、発注、輸送、保管、追跡、コントロールに多くの時間と工数が必要になります。さらに、大量の物的資源を扱うには統合されたロジスティックス・システムが必要となりますが、通常、組織の中に標準化されたシステムが存在するので、それをプロジェクトの中に取り込むことになります。

　物的資源マネジメントには、次のような活動があります。

- ・現場での資材の取り扱いと保管を削減または廃止する。
- ・資材の待ち時間をなくす。
- ・スクラップや廃棄物を最小にする。
- ・安全な作業環境を促進する。

　これらの活動はプロジェクト・スケジュールに統合されるので、関係者に明確な期待と情報を提供することになります。

▶▶ 調達での対応

　プロジェクトでは、何らかの形で契約や調達が行われることが多いものです。資材、設備、物品、ソリューション、人員、サービスまで、すべてが対象となります。ところが、ほとんどの組織では、プロジェクト・マネジャーに契約権限がなく、調達部門や購買部門といった専門知識を持った組織が主導することになります。とは言えプロジェクト・マネジャーはプロジェクト運営の責任者ですから、調達に関わらないということではなく、契約、法律、規制の専門知識を持つ契約担当者と一緒に仕事をすることになります。また組織には、通常、調達について厳格な方針と手順があるので、プロジェクトにおける契約締結の権限者、権限の限界、遵守すべきプロセスと手順を決める必要があります。

　調達プロセスの全体像は、第6版の内容に沿って、図8-1に示しますが、用語の詳細については割愛します。

図8-1 調達マネジメントの全体像

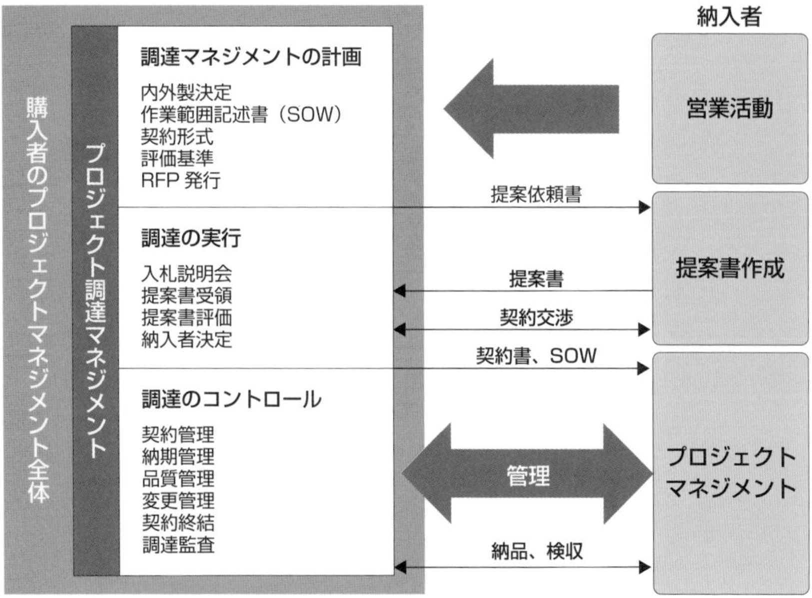

調達の前に準備する調達文書には、情報提供依頼書（RFI：Request for information）、提案依頼書（RFP：Request for proposal）、作業範囲記述書（SOW:Statement of work）、契約条件、ほかにも入札に必要な文書があります。

入札プロセス

入札プロセスには、入札文書の作成と公開、入札説明会、入札者の選定が含まれます。このプロセスで使用される入札文書には、RFI、RFP、RFQがあります。

- **情報提供依頼書（RFI）：**
  選択した複数ベンダーに入札文書を送る前に、そのベンダーから多くの情報を収集するために使われますが、提案書とは異なりアンケート形式に答える方式が一般的です。

- **提案依頼書（RFP）：**
  購入者（発注者）が必要とするソリューションについての詳細な提案を依頼します。

- **見積依頼書（RFQ）:**

    ソリューションやスコープが明確であって、価格が主な決定要因の場合に使われます。

RFIとRFPの関係について、その例を図8-2に示します。

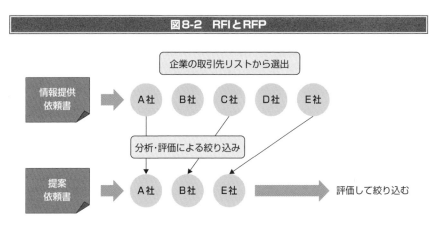

図8-2　RFIとRFP

企業の取引先リストから選出

情報提供依頼書 → A社　B社　C社　D社　E社

分析・評価による絞り込み

提案依頼書 → A社　B社　E社 ⇒ 評価して絞り込む

購入者は、入札説明会を開いて、入札者の質問に答える明確な情報を提供します。このとき、たとえ一社からの質問であっても、他の入札者にも分け隔てなく提供します。その後、提案書（プロポーザル）を受け取ったら、事前に決めておいた評価方法に従ってプロポーザルを評価し、交渉の順番を決めるための優先順位付けを行います。この交渉の目的は購入者が提示したRFPを納入予定者が正しく理解していたかどうかを確認することなので、入札者全員と交渉します。RFPとプロポーザルの内容を相互に確認し、必要に応じて修正をおこないます。それを踏まえて総合的な判断を下し、発注先を決めます。

発注先選定は、経験、推薦、価格、タイムリーな納期などの基準に基づきますが、その基準をRFPに記述することもあります。

契約

最終的に、当事者は合意に達し、契約を締結することになりますが、契約書にサインしたり押印したりする権限者の意思決定に従います。契約形態は国ごとの実務慣行や法律によって様々です。PMBOKガイドでは、米国の調達標準である

DoD5000に準拠して記述されていますが、ここでは日本の例で説明します。

　日本では、憲法で契約の自由が保障されていますので、公序良俗に違反しない限りどのような形でもいいのですが、一般には、民法の規定による請負契約と準委任契約、あるいは派遣法の規定による派遣契約が使われます。その特徴を比較して図8-3に示します。

図8-3　請負契約、委任契約、派遣契約			
	請負契約	委任契約 準委任契約	派遣契約
仕事の完成責任	有り	通常無し	無し
指揮命令	受託者	受託者	派遣先
作業場所	受託者責任と権限で決定	規定無し	契約で定めた場所
下請け利用	可	可；委託者の許諾要	不可；再派遣禁止
欠陥不良責任と支払い （2017年改正）	契約不適合責任 ・不具合存在の事実を知ってから1年間 ・引き渡しから5年以内 代金減額請求権 ・修正がなされない場合 作業中断でも支払い義務 ・成果物により受益がある	契約不適合責任は、原則として無し ・過失責任は負う 履行割合型 ・労働時間に応じた報酬 成果完成型 ・得られた成果に応じた報酬	契約不適合責任は、無い
未完成責任	債務不履行責任有り	役務の提供が正当に行われていれば無い	役務の提供が正当に行われていれば無い

　請負の考え方は「お任せください」あるいは「任せます」という考え方が中心なので、米国のように発注側が作業を含めてすべて取り仕切るようなことはしません。報告にしても民法には義務規定はありません。ですから報告書を要求する場合には契約書に明記する必要があります。要するに「ともに働く:コラボレーション」という思想がありませんので、適応型には向きませんが、使えないわけではありません。

　最近の米国での傾向として、基本契約をマスター・プランとして締結した上でリリースごとに個別契約を締結する手法が取り入れられています。特に米国ではハイブリッド型が多いので、適応型作業の部分を従来の形式の付録として、または補足資料として記載するケースが増えています。

　日本のプロジェクトの基本契約は、内容にもよりますが、3か月を超える活動を約束するものとして、7号文書（収入印紙四千円貼付）に相当します。個別契約書には通常金額を明記しますので2号文書（金額による収入印紙貼付）になります。リリースごとに個別契約を取り交わすような頻繁で複雑な行為は、法務関係者や事務方の労力が増えるので実行困難な組織が多いと思いますが、良いアイデアによって改革したいものです。適応型の場合の実態は準委任契約で締結することが一般的ですが、図8-3にもあるように、2017年の改正で「成果完成型」が明記されました。これは適応型を意識した法改正であるとも言えます。

　契約締結の内容によっては、プロジェクトの全体計画に影響を及ぼしますので、プロジェクトマネジメント計画書やその関連文書への更新が求められます。具体的には、日程、資源、コスト、品質要求事項、リスクなどへの影響があり、さらにベンダーはプロジェクトのステークホルダーになりますから、ステークホルダー登録簿への追記とともに、エンゲージメント計画への反映が必要です。第7版のパフォーマンス領域では、ステークホルダー・パフォーマンス領域と測定パフォーマンス領域に関係するので、プロジェクト期間を通してベンダー活動に適用します。つまり、すべての調達活動がプロジェクト業務に統合されるということになります。

▶▶ 新しい作業と変更の監視

　適応型では、作業の進展に連れて、変化への適応が進められていきます。つまり、新しい作業が、必要に応じてプロダクト・バックログに追加されたり、変更されたりします。そこで、プロジェクト・マネジャーはプロダクト・オーナーと協力して、スコープの追加、予算への影響、メンバーの可用性などについての期待をマネジメントすることになります。プロダクト・オーナーは、一定の頻度でプロダクト・バックログを再優先順位付けして、顧客価値の高い作業が優先的に扱われるようにします。スケジュールや予算に制約がある場合、プロダクト・オーナーは、その制約

条件内で高優先項目がデリバリーされた時点でプロジェクトが完了したと見なすことになります。当然、優先順位の低い要求事項は開発されないままです。これが適応型の終結です。

ここで、適応型でありながら「プロジェクト・マネジャー」が登場しましたが、通常、小規模の適応型の場合には登場しません。例えばスクラムの場合は、プロダクト・オーナー、スクラムマスター、スクラム・チームだけでした。大規模プロジェクト組織では、一人のプロジェクト・マネジャーの下に複数のチームが構成されます。そのチームのひとつが適応型であるようなイメージで理解すればいいと思います。

予測型では、公式な変更管理プロセスを経た承認済みの変更だけがスコープ・ベースラインに反映されます。スコープの変更には、人員、資源、スケジュール、予算などの変更が伴うので、プロジェクト全体への影響をレビューしなければなりません。したがってスコープ変更が予想される場合には、それを全体リスクとして管理する必要があります。

▶▶ プロジェクト期間を通じた学習

チームは定期的にミーティングして、改善できる点や今後のイテレーションでどのようにプロセスを改善して課題に取り組むかを決めます。適応型でよく使われるレトロスペクティブ（振り返り）はイテレーションごとのレビューの直後に行われます。そこでは直前のイテレーションにおける課題を解決したり、問題点を探し出して改善したり、それらを「教訓」として、以降のイテレーションにおけるパフォーマンス向上を図ります。このミーティングでは、よく「KPT：Keep、Problem、Try」という手法を使います。KPTを簡単に図示すると、図8-4のようになります。

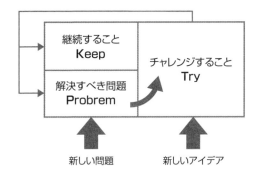

図8-4 KPT

「Keep」：

改善活動の結果がうまくいったような場合に、それを「継続」するという意味です。

「Problem」：

新たな問題を起こしたりしたような場合には、それを「中止」するという意味です。

「Try」：

新しいアイデアが提案されて成功の見込みがあるような場合に、実験を含めて「挑戦」するという意味です。

このような活動から得られた新たな知見は「教訓」として組織に残され、他のプロジェクトや将来のプロジェクトで参考となる情報資産になります。この知識の共有活動によって、働き方は進化し、より良い成果を生み出すことができるようになります。例えば、次のような活動があります。

・ **プロジェクトに固有の学習：**

特定の作業をより迅速に完了する方法など

・ **他のチームと共有することで成果の向上につながる学習：**

欠陥の少ない品質保証アプローチなど

・ **組織全体で共有：**

新しいアプリの操作方法をユーザーにトレーニングするなど

▶▶ 形式知と暗黙知

　知識の共有を進めるときに、人が持っている知識をどのように伝えるかが大きな鍵になります。まず、知識には「形式知」と「暗黙知」という分類があって、それぞれ伝え方に特徴があります。

　　形式知:文字、絵、言葉、写真、数字などを使って容易に表現できる知識です。
　　　○ 伝え方：マニュアル、登録簿、ウェブ検索、データベースなど、人々と
　　　　情報をつなげる情報管理ツールを使用して伝達可能です。
　　暗黙知:言語化できないため、表現することが難しい知識であり、経験、洞察、
　　　および実践的な知識やスキルで構成されます。
　　　○ 伝え方：知識を必要とする人と知識を持つ人をつなぐことで共有可能で、
　　　　例えば、ネットワーキング、インタビュー、ジョブ・シャドーイング、ディ
　　　　スカッション・フォーラム、ワークショップなどで伝達可能です。

▶▶ 活動のためのツールと技法

　この領域では、実務的な多くのモデルや方法が採用されます。PMBOKガイドに記載された方法の名称だけ紹介します。

分類	方法
データ収集・分析方法	代替案分析、内外製分析、プロセス分析、根本原因分析、感度分析、ステークホルダー分析、バリュー・ストリーム・マッピング
会議とイベントの方法	バックログの洗練、入札説明会、変更管理委員会、デイリー・スタンドアップ、イテレーション・レビュー、イテレーション計画、キックオフ、教訓、プロジェクト完了、プロジェクト・レビュー、リスク・レビュー、運営委員会、状況会議
その他	優先順位付けの仕組み、タイムボックス

図8-5　プロジェクト作業パフォーマンス領域でよく使われる方法

8-2

活動結果の評価

この節では、プロジェクト作業パフォーマンス領域の活動をどう評価するかについて説きます。

▶▶ 期待される効果の確認

最初に提示したこの領域の活動に期待される成果を確認してみましょう。

①効率的で効果的なプロジェクト・パフォーマンス

②プロセスは、プロジェクトと環境に適している。

③ステークホルダーとの適切なコミュニケーションとエンゲージメント

④物的資源の効率的なマネジメント

⑤調達の効果的なマネジメント

⑥変更の効果的な処理

⑦継続的な学習とプロセス改善による、チーム能力の向上

▶▶ 成果についてのチェック項目

それぞれについて、具体的なチェック項目のアイデアを挙げてみましたので参考にしてください。

①無駄のない作業によってパフォーマンス目標を達成できている。計画通りに進捗している。改善がなされている。

②テーラリングした開発アプローチの特徴を生かしたプロセスになっている。品質監査でのネガティブな指摘事項がない。

③ステークホルダーは積極的に関わって支持している。ステークホルダーの支持を得て、抵抗による影響は最小限である。

④過不足がない物的資源の管理ができている。

⑤契約内容に基づき、受発注側ともに Win − Win 状態に満足している。

⑥予測型では変更管理委員会が機能している。適応型ではプロダクト・オーナーによるプロダクト・バックログの管理がなされていてチームも協力している。

⑦日々の教訓や知識の共有がなされている。改善活動が継続している。

これらの項目については、読者の環境に準じて、具体的な案を考慮してください。

「教訓登録簿」の意義

　PMBOKガイド第6版の説明会が米国のサンディエゴで開催されたときに筆者も参加しました。「教訓」の話題になったときに、コーディネーターが「皆さん、プロジェクトで獲得した教訓はどうしていますか、その後役立てていますか」と全員に質問しました。総勢50人ほどでしたが、少しざわついて何人かが答えました。「プロジェクトの終結時にアーカイブしたけど、その後は使っていません」ということです。筆者自身も似たようなものでした。コーディネーターはさらに続けました。「将来のため、と言うから結局使わないよね？それだったら今現在進行中のプロジェクトに役立てればいいでしょう？」といいます。確かにもっともなことです。

　そこであらたに導入した知識マネジメントの説明になりました。教訓を収集するための文書として「教訓登録簿」を作成し、あらたな知見があれば誰でも気楽にメモしてプロジェクトメンバー間で共有します。要するにプロジェクト内の回覧板です。教訓のデータベースにはプロジェクト終結時にそれをアーカイブすればいいのです。そうすれば他のプロジェクトや将来参照することができます。問題は、終結時に誰がアーカイブするかです。プロジェクト中に回覧していた教訓登録簿には手書きのメモ程度のものや図版が追記されているものもあります。筆者はアルバイトを雇って清書しアーカイブしました。当然コストはかかりますが、それくらいの予算は将来に役立つ価値を考えれば安い投資と言えます。この考え方はPMBOKガイド第7版にも引き継がれています。

第9章

8つの活動領域の勘どころ⑥
デリバリー・パフォーマンス領域

この章では、8つの活動領域のうち、デリバリー・パフォーマンス領域について、その勘どころを解説します。

9-1

領域の概要と活動の目的

この節では、デリバリー・パフォーマンス領域の概要と、その活動の目的を説いていきます。

▶▶ 期待される効果

この領域は、プロジェクトが達成すべきスコープと品質に関する活動と機能を扱います。要するに「いいもの」を作るための活動領域です。このパフォーマンス領域を効果的に実行すると、次のような望ましい成果が得られると期待します。

①プロジェクトは、事業目標と戦略の推進に貢献する
②プロジェクトは、その立上げの目的である成果を実現する
③プロジェクトのベネフィットは、計画された期間内に実現される
④プロジェクト・チームは要求事項を明確に理解している
⑤ステークホルダーは、プロジェクトの成果物を受け入れ満足している

そもそもプロジェクトは、戦略の実行と事業目標の達成を支援するために開始されました。プロジェクトのデリバリーは、目指す成果を生み出すため、期待される成果物を作成するための要求事項への期待、スコープへの期待、品質への期待を満たすことに重点を置く活動です。つまりデリバリーのパフォーマンスは、次のように表すことができます。

- 事業価値を実現すること：新しいプロダクトやサービスの開発、問題の解決、欠陥があったり最適でなかったりするフィーチャーの修正など。
- ステークホルダーの価値を提供すること：ステークホルダーが望む価値は人によって異なります。あるグループは、成果物の使いやすさや時間節約の側面に価値を置くことに焦点を当て、別のグループは、経済的利益や市場での差別化に価値を置くことがあります。さまざまな要求に応えバラン

スを取ることも必要になります。

▶▶ 価値の実現

　事業価値は、図2-10で説明したように最初のプロジェクトで得られますが、終了後も長期間にわたって継続して得られるものです。そのビジネスとしての投資効果を「ビジネス・ケース」として表現します。それには、ビジネス上の正当性と期待する事業価値を定義します。内容は、開発アプローチやライフサイクルの表現によってさまざまです。それは漸進型のように、プロジェクト中にビジネス、顧客、あるいは他のステークホルダーに価値を提供し始めるケースもあれば、予測型のように、最初の展開後に価値を生み出すケースもあるからです。

　プロジェクトを開始するときには、プロジェクトの成果が組織の事業目標と整合していることを示す文書が必要になりますが、その代表的なものがプロジェクト憲章です。それはプロジェクト承認文書としての性格を持ちますが、期待される成果を定量化する内容も含まれます。さらに詳細なベースライン化された計画、プロジェクトのライフサイクルの概要、主要リリース、主要成果物、レビュー、その他の主要な情報などを示す概要ロードマップなどを記載します。

▶▶ 成果物

　ここで成果物と言う場合には、プロジェクト中間成果物と最終成果物である、プロダクト、サービス、所産の両方を意味します。

要求事項

　要求事項は、ビジネス・ニーズを満たすために、プロダクト、サービス、所産が備えるべき条件や能力を表します。要求事項はプロジェクトの当初にまとめられますが、全く変化しないということはありません。背景となるビジネス環境の変化に伴い変化したり、当初は正確には表現できなかったことが徐々に明確になったり、新たな要求事項が出てきたりするものです。

　　要求事項の引き出し：
　　　要求事項も情報のひとつと言えますが、ステークホルダーが持っている情

報を形式知にしなければなりません。暗黙知のままではその後に必要となるスコープに変換できませんしマネジメントできません。そこで、ステークホルダーの思いを含めて引き出し (Elicit) て、形式知にする必要があります。引き出され形式知化された要求事項は、次の特性を満たす必要があります。

- ○ 明確さ：解釈が唯一であること
- ○ 簡潔さ：手短であること
- ○ 検証可能性：検証する方法があること
- ○ 一貫性：他の事項と矛盾しないこと
- ○ 完全性：全体としてプロジェクトやプロダクトのニーズを表現している
- ○ 追跡可能性：ひとつひとつが区別されトラッキングできること

さらに付け加えるならば、できるだけステークホルダーが表現している言葉で記述すると良いのです。そうすれば出所が明確になり、変更や追加の場合の確認が容易になります。技術用語に変換してしまうと「そんなこと、言った覚えがない！」という事態になりかねません。

要求事項の変化と発見：

適応型のように、最初のうちには要求事項が明確にならない場合には、ステークホルダーへのヒントとして、プロトタイプ、デモ、ストーリーボード、モックアップ、などを提供し、要求事項の変化を明確に把握していきます。このときに得られた要求事項が、新たな好機となってビジネスへ貢献することもあります。

要求事項のマネジメント：

要求事項は、継続する顧客のビジネス・ニーズによって生まれるものなので、ひとつのプロジェクトだけに限定されるのではありません。把握されている要求事項のすべてをひとつのプロジェクトで達成するのではなく、プロジェクトの制約条件によって要求事項が選択されます。つまり要求事項の収集はビジネスの経過とともに継続されていきます。そしてあるタイミングでスコープを絞ってプロジェクトが開始されるのです。要求事項収集は、「要求マネジメント」の一環として継続される活動であり、ビジネスアナリシスの活動範囲とも言えます。

図9-1に要求マネジメントのイメージを示します。

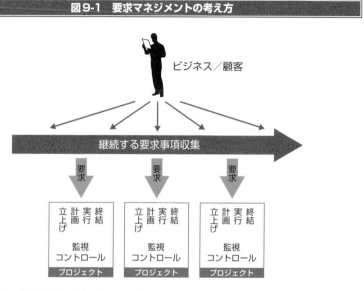

図9-2では、予測型と適応型での要求事項に関する文書を示しています。

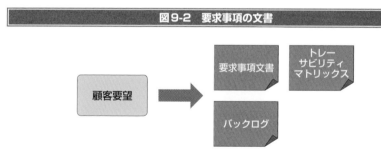

PMBOKガイドの歴史では、第4版から登場し、スコープ・マネジメント領域に含まれましたが、プロジェクト・マネジャーとビジネスアナリストの協業分野とされていました。

スコープ定義

ひとつのプロジェクトで達成されるべき要求事項が決まると、そのためのスコー

プを決める必要があります。ここでのスコープは、プロジェクトで達成されるべき
プロダクト、サービス、所産の総体を表します。

「**スコープ**」と言う用語には、一般に「範囲」という意味と「見る」という二つ
の意味があります。PMBOKガイドでは「範囲」を採用して「作業範囲」や「責
任範囲」というように使いますが、さらに「仕様」も含まれているので適切な日本
語が見当たらず、原語の「スコープ」のままにしています。図9-3は、要求事項
からスコープへの変換の様子を表しています。

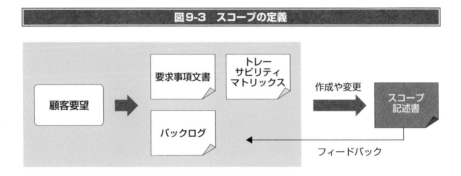

図9-3　スコープの定義

予測型の場合、スコープはスコープ記述書のような文書にまとめられますが、
要求事項が要求者の言葉で表現されることとは異なり、技術用語で正確に表現し
ます。その理由は、技術者がスコープ記述書からさらに詳細な設計書（外部設計
書や基本設計書）を作成するからです。しかし専門用語で記述された文書は、ステー
クホルダーには理解困難なことが多いものです。そこでスコープ全体を体系化して
ステークホルダーにもわかりやすく表現した「ワーク・ブレークダウン・ストラク
チャー（WBS：Work Breakdown Structure)」を作成します。要するにWBS
はステークホルダーとのコミュニケーション・ツールなのです。WBSの各要素は
単語表現なので、それだけではわかりにくいので「WBS辞書：Dictionary」を追
加します。そして、「スコープ記述書」、「WBS」、「WBS辞書」の3点セットがステー
クホルダーによって承認されたら正式に「スコープ・ベースライン」を構成するこ
とになります。図9-4にその組み合わせを図示します。

図9-4　スコープ・ベースライン

スコープ
記述書　➡　WBS
WBS辞書

　WBSは米国の国防総省が考案したツールで、個々の要素を「成果物」で表現するのが基本です。日本では、「作業」で表現するような風潮や書籍が出回っていますが、特にソフトウエア開発プロジェクトが多くなってからの特徴のようです。WBSの「Work」を「作業」と訳すこと自体は間違いではないのですが、「Work」には、本来「作業＋その作業の成果物」の意味があります。日本語には「その作業の成果物」のニュアンスを表現できる単語がありません。そこが、さまざまな誤解を生む原因のひとつになったようです。ここで言う「作業」がPMBOKガイドでは「アクティビティ：Activity」となり、次のように表せます。

　ワーク＝アクティビティ＋成果物

スコープの要素分解

　まず予測型のケースで説明しましょう。

　本来はワークを成果物で表してWBSを要素分解し、その最下位レベルを成果物で表し「ワークパッケージ（WP：Work Package）」と定義し、進捗の管理対象とします。それをさらに要素分解してアクティビティを定義します。要するにアクティビティはワークパッケージを作成するための実作業になります。それをスケジュール要素として詳細な作業スケジュールを作ることになります。

　WBSの最下位レベルというのは結果的に定義されるので、実際には何段階か要素分解してみて、最も管理しやすいレベルを探します。管理しやすいとは、スコープの進捗管理を行うサイクルに合わせるということです。例えば進捗管理を毎週行う場合には、ワークパッケージの規模が1週間で完成する大きさが望ましいのです。進捗管理を1ヶ月サイクルで行う場合は、その間に完成できる大きさがいい

のです。

　よくあるケースでは、大規模なワークパッケージを毎週進捗管理するのですが、現場からの報告は決まって「まだ進捗中です」とか「進捗50％です」あるいは「進捗90％です」というような答えが返ってきます。これでは、よほど大きな問題が発生しない限り実状がわかりません。逆に複数の小さなワークパッケージを1ヶ月サイクルで管理すると、その間にいくつもの成果物ができあがるので、個別成果物の管理には向きません。

　筆者の米国での経験（ソフトウエア開発）では、2週間の管理サイクルを採用する組織が多いのです。その理由は、コーダー（日本ではプログラマー）の給与支払いが2週間払いであって日本のように月給ではないからでした。当時米国では日本と比べ離職率が高く、筆者は上司から離職率の管理目標を30％以内とするように指示されたものです。それはともかく、コーダーが離職する状況が給与支払いのサイクルと同期しているので、それを進捗管理サイクルとしたのです。

　適応型の場合は、WBSという表現をしませんが、予測型と同じように要求事項を分解することになります。一般には、次のような手順で分解を行います。

　　　①テーマ：プロジェクトの目的
　　　②エピック：テーマを達成するための概略要求事項
　　　③フィーチャー：エピックを要素分解した要求事項
　　　④ユーザー・ストーリー：エピックまたはフィーチャーを要素分解した要求
　　　　事項
　　　⑤タスク：フィーチャーやユーザー・ストーリーを要素分解した技術的な作
　　　　業要素で、アクティビティに相当します。

　この関係を図9-5に示します。適応型でもWBSを描くと全体像が明確になるのでお勧めですが、あまり詳細化する必要はありません。

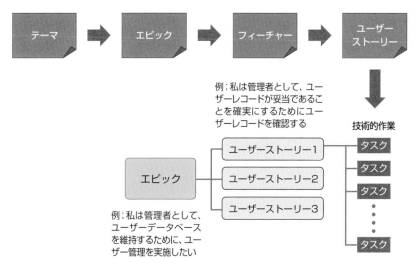

図9-5　適応型のスコープの要素分解

例：私は管理者として、ユーザーレコードが妥当であることを確実にするためにユーザーレコードを確認する

例：私は管理者として、ユーザーデータベースを維持するために、ユーザー管理を実施したい

　そもそもフィーチャーは「フィーチャー駆動開発：FDD」で定義された用語であり、ユーザー・ストーリーは「スクラム」で定義された用語なので、似てはいますが規模的には直接的な関係はなかったのですが、実務的には規模を次のように表します。

テーマ＞エピック＞フィーチャー＞ユーザー・ストーリー＞タスク

成果物の完了：構成要素またはプロジェクトの完了について説明する方法は、アプローチによって異なりますが、基本的にはステークホルダーの期待を満足させたかどうかです。通常、品質検査と機能検査が実施されます。まず予測型の場合を説明しましょう。

○ **受入基準または完了基準**：
　スコープ記述書に記述します。実務的には、早い時点では設定できないケースが多いのですが、スコープ・ベースラインの構成要素ですからしっかりと定義したいものです。

○ **技術的なパフォーマンス尺度：**

プロダクトの技術仕様は、別の仕様書に記載されたり、WBSの拡張としてWBS辞書に文書化されたりします。この辞書は、WBS内の各成果物（ワーク・パッケージ）の情報を詳細に記述します。成果物によっては品質検査を必要としないものもありますので、それについてはWBS辞書に明記します。重要な要求事項と結びついている場合は、品質検査について「要求事項トレーサビリティ・マトリックス」にも記述します。

適応型の場合は、機能ごとにユーザー・ストーリーが記述されていますので、それに応じたペルソナ（ユーザー・ストーリーに登場する人物）を定義して受入れ基準を設定します。そして個々のユーザー・ストーリーの作成ごとに受入れテスト（機能テスト）がイテレーション内で実施されます。さらにすべてのユーザー・ストーリー共通の合格基準が設定されて、テストはイテレーション・レビューの前までに実施されます。

○ **Done（完了：ダン）の定義：**

主にソフトウエア開発プロジェクトで使われますが、成果物が、顧客使用への準備が完了しているかどうかの判断基準のチェックリストになります。これはプロジェクト開始時に設定されなくてはなりません。

完了目標の変化

不確実で急速に変化する環境で行われるプロジェクトは「納品可能」または「Done」の目標が変わりうる状況に直面することがあります。例えば、競合他社が新プロダクトを頻繁にリリースしている市場では、新リリースに予定したフィーチャーが更新される可能性があります。その場合には、追加されたフィーチャーの開発期間がプロジェクト全体に追加されますので、「Done」というプロジェクト目標がさらに遠のくことになります。これを「ダン・ドリフト」と呼んでいます。スコープの増加によってプロジェクトの完了が遅れる様子を表しています。その例を、第7版の図に準じて図9-6に図示します。

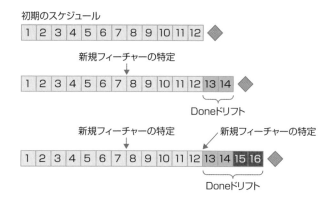

図9-6 ダン・ドリフト

　予測型では納期が制約条件になっているケースが多く、スコープの増加は困難な状況でしょう。変更管理における公式な判断ではお断りすることになるでしょうが、現場ではステークホルダーの要望を採り入れざるを得なくなって作業することがあります。これはあくまで計画外の作業であり、プロジェクト全体から見ればコストの増大や時間の無駄遣いということになり、余計な仕事ということになります。このことを「スコープ・クリープ」と呼んでいます。ですから予測型では、変更管理の仕組みを堅牢にして、「スコープ・クリープ」を防ぐようにしっかり管理する必要があるのです。

　「クリープ：Creep」現象はオートマチック自動車の機能としてよく知られていますが、プロジェクトでは禁止されるべき行為です。

　しかしながら新たな要求事項がビジネスにとっての好機になることが明白ならば、スケジュールを変更してでも実装する必要が出てきます。要するにスケジュールとスコープおよびコストとのトレードオフになります。

　適応型では、この追加要求をプロダクト・バックログに追加すればいいので、プロダクト・オーナーは、プロダクト・バックログの洗練を行い、再優先順位付けを行います。そもそも最終成果物の納期と言う考え方がないので、ダン・ドリフトは通常のことです。

　ちなみにプロダクト・バックログの洗練を「グルーミング：Grooming」と呼ぶ

ことがあります。「グルーム」とは元来「新郎」を意味します。結婚式のときに新郎が着飾ることを「グルーミング」と言いますが、それを猫や犬などのペットに当てはめて、ブラッシングなどをすることを言うようになったそうです。プロジェクトではプロダクト・オーナーが「プロダクト・バックログ」を整理して、優先順位付けを行うことをグルーミングと言うようになりました。ただし最近は、「性的犯罪」に関わる行為をグルーミングというようにもなったので、使わない方がいいでしょう。

▶▶ 品質

　「デリバリー」は単に納品するという意味以上に、「いいものをお届けする」という意味があります。前出した要求事項とスコープは「納品するモノ」に重点を置き、品質は達成すべき「パフォーマンスのレベル」に重点を置きます。言い換えれば「いいプロセスで、いいパフォーマンスを達成すれば、いいモノができる」ということになります。これはISO9000シリーズの基本的な考え方で、歴代のPMBOKガイドもそれを踏襲しています。これを基本として、ステークホルダーからの品質要求事項に応えるのです。

　それを達成するためには相応の投資が必要になりますが、一般に、品質コストの多くは組織が負担します。例えば、オーバーヘッド、トレーニング、プロセス監査、品質監査などのコストはプロジェクトごとに発生しますが、通常はプロジェクトのコストというよりも、組織として負担することになります。つまり、プロセスやプロダクトの品質ニーズと、そのニーズを満たすためのコストとのバランスを取る必要があります。言い換えると、ビジネス目標と「いいもの」を作るための投資とのトレードオフになるので、一般に限界分析を行います。図9-7にそのイメージを示します。

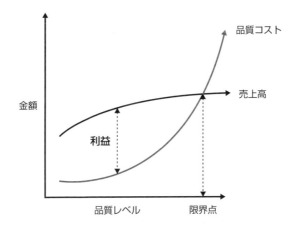

図9-7　限界分析

縦軸に金額（投資額と売上高）を表し、横軸に品質レベルを表しています。品質を高めるための投資額は指数関数的に伸びていきます。コストが上がれば価格を上げなければなりませんが、価格が上がれば一般に売上高の伸びは頭打ちになります。そうすると投資金額との交点がビジネス上の限界点になります。趣味や芸術の世界でしたら最上級のものを作ることに何も惜しまないでしょうが、ビジネスは損益を考えざるを得ません。組織は、損益分岐点から下のどの領域を目標にするのかを明確にする必要があります。品質はそれほど良くなくても安く販売するビジネスなのか、良いものだから高く販売するビジネスなのか、それぞれ一長一短があります。

ここで、品質に関わるコストと、それに基づく変更に関わるコストについて説明します。

品質コスト（COQ：Cost of Quality）

プロダクト・ライフサイクルを通して必要な、品質に関連するすべての作業コストをCOQと言います。プロダクト・ライフサイクルはプロジェクトの終了の後も続くので、COQの総額は結構大きな額になるのが普通です。特に顧客からの苦情への対応には計り知れないコストがかかるものです。ですから欠陥やプロダクトの不良を回避するために、品質における予防活動と評価に投資するための適切なバ

ランスを見つけることが大切です。COQは４つのカテゴリーに分類できます。その中で、予防コストと評価コストは、品質要求事項の適合コストに含まれます。そして、内部不良および外部不良のコストは、不適合コストに含まれます。４つの分類とその例を次に示します。

予防：欠陥やプロダクトの不良を回避するためのコストで、主なものに次の３項目があります。
- プロダクトやサービスの要求事項：
  受入資材、プロセス、完成品、サービスの仕様の確立などのためのコスト
- 品質計画：
  品質、信頼性、運用、生産、検査などの計画策定のためのコスト
- 品質保証：
  品質システムの作成および保守などのためのコスト
- トレーニング：
  プログラムの開発、準備、保守などの教育のためのコスト

評価：品質要求事項への適合度合いを判断するために発生するコストで、主なものに次の３項目があります。
- 検証：
  合意した仕様に対して、受入資材、プロセス設定、プロダクトを照合するためのコスト
- 品質監査：
  品質システムが正しく機能していることを確認するためのコスト
- サプライヤー評価：
  プロダクトやサービスのサプライヤーを評価し、承認するためのコスト

内部不良：顧客がプロダクトを受領する前に、プロジェクト内部で欠陥を発見して修正するためのコストで、主なものに次の４項目があります。
- ムダ：
  不要な作業、またはエラーを補い、まずい組織やコミュニケーションを

補うために十分な在庫を確保するためのコスト

- **スクラップ**：

  修理、使用、販売できない欠陥プロダクトまたは資材のためのコスト

- **手直しまたは修正**：

  欠陥のある資材やエラーの修正のためのコスト

- **故障分析**：

  内部のプロダクトやサービスの故障の原因を特定するのに必要な活動の
  ためのコスト

外部不良：顧客がプロダクト入手後に発見された欠陥やその修復に関連する
コストで、主なものに次の5項目があります。

- **修理とサービス**：

  返品されたプロダクトと展開済みプロダクトのためのコスト

- **保証請求**：

  保証のもとで交換された故障したプロダクトや、やり直ししたサービスな
  どのためのコスト

- **苦情**：

  顧客の苦情を処理し、対処することに関連するすべての作業とコスト

- **返品**：

  受領を拒否されたりリコールされたりしたプロダクトの取り扱い、および
  調査のためのコスト

- **評判**：

  欠陥のタイプと重大度に応じて、評判と世評が損なわれたためのコスト

　この中でも、外部不良コストにはリコールなどが含まれ、その処理には莫大なコ
ストがかかります。このコストを最小化するために予防コストに投資することが大
切です。予防コストの効果は明確に可視化できるものではないので投資効果に不
安が残りますが、統計的に証明されているので、積極的に投資したいものです。図
9-8に第6版の品質コストの図を紹介します。

図9-8 品質コスト

適合のコスト Cost of Conformance	不適合のコスト Cost of Nonconformance
予防コスト Prevention Costs （高品質製品の構築） ・トレーニング ・プロセスの文書化 ・装置 ・正しく作業をするための時間 **評価コスト Appraisal Costs** （品質査定） ・試験 ・破壊試験損失 ・検査	**内部不良コスト Internal Failure Costs** （プロジェクトで発見された不良） ・リワーク ・廃棄 **外部不良コスト External Failure Costs** （顧客で発見された不良） ・責任 ・保証 ・ビジネス機会損失
不良を避けるために、プロジェクト期間中に消費される資金	発生した不良のために、プロジェクト期間中およびその後に消費される資金

　提供する価値を最適化するには、早い段階の検査とレビューで、早期に品質問題を発見することに重点を置くことが重要です。開発ライフサイクルの後半で「テストでの品質確認」を試みても失敗することが多いのは、PDCA（Plan、Do、Check、Action）を回さないためです。品質検査を徹底しても、あるいは測定基準を厳格にしても、「対策：Action」がなければ不良品の山を築くだけです。

　PDCAについての最近の動向では、米国では「PDSA」としています。C:CheckをS:Studyに変えたのです。その理由は、「チェック」せよと言っても、チェック項目をしっかり確認せずに単にチェックマークだけ付けてやったことにする、という行為が散見されたからです。確かに日本でも似たような事例があって品質問題を起こしたケースがありました。

変更コスト

　品質問題を解決するにしても、プロジェクトの後半になればなるほど修正や変更のコストが高くつくものです。単に修正するだけではなく影響を受けるステークホルダーの数が増えるので、説明に時間がかかるのです。変更コストに関しては、ベームが発表した曲線が有名で、変更のためのコストはプロジェクトの進捗に連れ指数

関数的に増えると言われています。図9-9にその様子を示します。

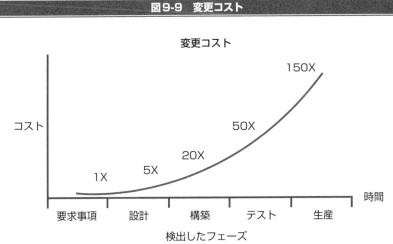

図9-9　変更コスト

変更コスト

150X

50X

20X

5X

1X

コスト

時間

要求事項　　　設計　　　構築　　　テスト　　　生産

検出したフェーズ

ベームの変更コスト曲線：変更コストは時間の経過につれ高くなる

▶▶ 次善の成果

　プロジェクトは必ず成功するとは限りません。不確実な世界では、成功条件を決めていても少し手が届かなかったという例はたくさんあります。プロジェクトマネジメントを効果的に実施すれば失敗の程度を和らげることができますが、成功ではないことは確かです。それを失敗として悲しむよりも次善の成果として認めることが大切です。要するに全体リスクとして事前に認識した上での、組織としてのリスク・マネジメントが求められます。これはERM（エンタープライズ・リスク・マネジメント）の活動のひとつです。

▶▶ 活動のためのツールと技法

　この領域でよく使われる「方法」については説明の中でもいくつか紹介しましたが、ここでは名称だけを挙げておきます。

分類	方法
データ収集・分析方法	代替案分析、前提条件・制約条件分析、ベンチマーキング、正味現在価値（NPV）、チェック・シート、品質コスト、発生確率・影響度マトリックス、根本原因分析、バリュー・ストリーム・マッピング
会議とイベントの方法	プロダクト・バックログの洗練、変更管理委員会、イテレーション・レビュー、イテレーション計画、教訓、プロジェクト・レビュー
その他	インパクト・マッピング、モデリング、タイムボックス

図9-10　デリバリー・パフォーマンス領域でよく使われる方法

COLUMN　筆者流「7つのムダ」

　アジャイル型のひとつであるリーン・ソフトウエア開発手法がトヨタ生産方式をもとに生まれたことはすでに述べました。この手法の最大のポイントは「無駄の排除」にあり、その手法の一つとして「バリュー・ストリーム・マッピング」が提唱されています。

これの原点であるトヨタの大野耐一氏が提唱した「7つのムダ」について、筆者流に考えたソフトウエア開発におけるムダの例と対比させてみました。

・作りすぎ：計画には無いが、決められた仕様以上のモノを作るムダ

・手待ち：レビューや承認待ちなど現場で空白の待ち時間ができてしまうムダ

・運搬：兼任作業で、切り替えのためのオーバーヘッド時間が増えてしまうムダ

・加工：付加価値の無い作業そのもののムダ

・在庫：モノを開発しても保管しておくだけのムダ

・動作：複数の作業のために移動するムダ

・不良：技術的負債を作り込むムダ

なにか響きませんか？

9-2

活動結果の評価

この節では、デリバリー・パフォーマンス領域の活動をどう評価するかについて
説きます。

▶▶ 期待される効果の確認

最初に提示したこの領域の活動に期待される成果を確認してみましょう。

①プロジェクトは、事業目標と戦略の推進に貢献する
②プロジェクトは、その立上げの目的である成果を実現する
③プロジェクトのベネフィットは、計画された期間内に実現される
④プロジェクト・チームは要求事項を明確に理解している
⑤ステークホルダーは、プロジェクトの成果物を受け入れ満足している

▶▶ 成果についてのチェック項目

それぞれについて、具体的なチェック項目のアイデアを挙げてみましたので参
考にしてください。

①プロジェクト憲章やプロジェクト承認文書の内容と組織戦略とが一致してい
　る。特にプロジェクト成果物について確認する。
②ビジネス・ケースに求められている成果が達成できたかどうかについて、
　プロジェクト完了報告書で確認する。
③上記とほぼ同様ですが、プログラムマネジメントで定義されたベネフィット
　の場合は、プログラム・マネジャーと確認する。
④個々の要求事項だけでなく、プロダクト・ビジョンやロードマップについて
　理解していることを日々のコミュニケーションの中で確認する。
⑤予測型では、プロジェクトにおけるスコープの妥当性確認に合格し、デリバ
　リーした後のステークホルダーによる検収にも合格していることを確認す

る。適応型では、定期的なイテレーション・レビューにおいてステークホルダーが満足していることを確認する。

　これらの項目については、読者が関わるプロジェクト環境に基づき適切なアイデアを考えてください。

 「適合のコスト」の価値

　品質コストに「適合のコスト」というカテゴリーがあります。要するに品質基準を満たすように未然防止するためのコストです。日本の製品は品質が良いと言われながら、昨今は品質関連の不祥事が後を絶ちません。不祥事の後にテレビなどで首脳陣が頭を下げる姿が目につきますが、その中のコメントに面白いものがありました。「今後弊社では品質検査を徹底して品質を向上させます云々」この方は、残念ながら品質検査の意味を分かっていません。もし言葉通り品質検査を強化するとどうなるでしょうか。品質検査を強化するということは、対象製品の性能のバラツキの幅を狭めることです。要するに顧客に瑕疵を渡さないようにするということであって、これはこれで悪いことではありません。ただし合格を定義した許容範囲を狭めることなので、不良品の山ができあがります。本来の品質向上は、品質検査で得たデータを詳細に分析しそのバラツキの原因を突き止めて改善することです。

　それであってもこの行為は問題が発生した後の活動です。問題を発生させないことが理想であることは自明の理です。そのためには未然防止や予防保守の活動が欠かせません。ところが人間の心理として、目に見えないあるいは不確かさには投資を控えたがるものです。確かに、100万円投資するとバグはいくつ無くなるのか、という問いには答えられません。しかしトラブル発生をリスクとして捉えることによって、事前対策を実施することは困難ではありません。この状態を管理すれば効果的であることは統計的に証明されているのです。

第10章

８つの活動領域の勘どころ⑦
測定
パフォーマンス領域

この章では、８つの活動領域のうち、測定パフォーマンス

領域について、その勘どころを解説します。

10-1
領域の概要と活動の目的

この節では、測定パフォーマンス領域の概要と、その活動の目的を説いていきます。

▶▶ 期待される効果

この領域は、プロジェクトのパフォーマンスを評価し、受入れ可能なパフォーマンスを維持するための適切なアクションを取ることに関連する活動と機能に対応します。このパフォーマンス領域を効果的に実行すると、次のような成果が期待できます。

①プロジェクトのステータスについて信頼性の高い理解
②意思決定を容易にする実用的なデータ
③プロジェクトのパフォーマンスを軌道に乗せるためのタイムリーで適切なアクション
④信頼性の高い予測と評価に基づいて、情報に基づいたタイムリーな意思決定を行うことで、目標を達成し、事業価値を創出すること

測定には、最適なパフォーマンスを維持するために、プロジェクトのパフォーマンスを査定し、適切な対応を実施することが含まれます。要するに、計画パフォーマンス領域で設定した管理基準やメトリックスをデリバリー・パフォーマンス領域でどの程度達成できたのかを測定し、必要に応じて是正処置や予防処置、あるいは欠陥修正を実施するように働きかけます。つまり、測定を行うことの価値は、データの収集と配布だけにあるのではなく、どのようにデータを使って、どう適切に行動するかについて話し合うことです。

▶▶ メトリックス

　メトリックスは、プロジェクトまたはプロダクトの属性と、それをどのように測定するかについて記述したもので、チームとステークホルダーの話し合いや、プロジェクト作業の調整など、他のパフォーマンス領域の活動の環境内で使われます。

メトリックス（尺度）の使用例

- **パフォーマンスを計画と比較する：**

　予測型では、設定したベースライン（スコープ、スケジュール、コスト）を基準として実績を比較します。適応型では、ストーリー・ポイントの達成率や数をバーンダウン・チャートやバーンアップ・チャート、あるいは仕掛りも含めた達成状況の全体像を表す累積フロー図（CFD：Cumulative Flow Diagram）などで追跡します。図10-1 にバーンダウン・チャート、図10-2 に累積フロー図を示します。

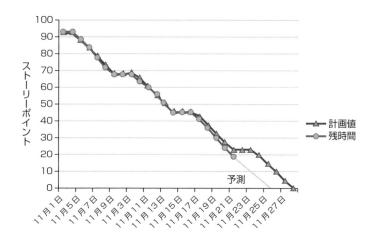

図10-1　バーンダウン・チャートの例

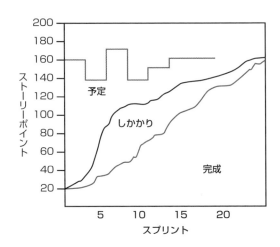

図10-2　累積フロー図の例

- **資源の投入、完了作業、支出した予算などを追跡する：**
  アーンド・バリュー法を使って総合的な評価を行います。
- **説明責任を示す：**
  実績値と計画値との差異分析に基づき、その理由をステークホルダーへ明確に説明します。
- **ステークホルダーに情報を提供する：**
  ステークホルダーの情報ニーズに応えるために、コミュニケーション計画に沿って情報を提供します。
- **プロジェクト成果物が、計画されたベネフィットを実現するために進んでいるかを査定する：**
  プロジェクトによる価値の提供がベネフィット・マネジメント計画に沿って進捗していることを確認します。
- **トレードオフ、脅威、好機、選択肢に焦点を当てて会話する：**
  競合する制約条件などへ対処するときに、常に全体最適の観点で話し合うことを確認します。
- **プロジェクト成果物が顧客の受入基準を満たすことを確認する：**
  受入基準が事前に明確にされており、それに沿って成果物がデリバリーさ

れたことを確認します。

　測定はさまざまな観点で実施されます。例えば、ポートフォリオの責任者は、プ
ロジェクト完了後にプロジェクトの成功を示す尺度を含むことを望むでしょう。そ
の中には、プロジェクトが意図した成果とベネフィットを実現したか、プロジェク
トの成果が顧客満足度を向上させたか、単位当りコストを削減したか、などビジネ
ス価値には多くの種類があります。他にも事業責任者は、成果が組織にもたらす
価値の観点からプロジェクトを評価するでしょう。それには、市場シェアの拡大、
利益の増加、単位当りコストの削減などがあります。

▶▶ 効果的な尺度の確立

　効果的な尺度を確立することで適切な対象を測定でき、それをステークホルダー
に報告することができます。プロジェクト状況を正しく把握することによって、プ
ロジェクトの状況を伝達し、プロジェクトのパフォーマンスを向上させ、あるいは
パフォーマンス低下の可能性を低減することができます。

重要業績評価指標（KPI：Key Performance Indicator）

　KPIは、プロジェクトの成功を評価するための定量的な尺度です。KPI自体は単
なる尺度であり、使われなければ役に立ちません。よく使われるKPIの種類には、
先行指標と遅行指標があり、これらについて話し合い、改善の余地を特定するこ
とは、パフォーマンスにプラスの影響を与えることになります。

先行指標：
プロジェクトの変化や傾向を予測する指標であり、傾向分析などによって潜在
　的な課題やリスクへの事前対策が可能になります。
- **定量的指標の例：**
　プロジェクトの規模や、バックログから取り出して進行中のユーザー・ス
トーリー数などを使います。
- **定性的指標の例：**
　リスク・マネジメントのプロセスが決まっていない状況であったり、ステー
クホルダーがつかまらなかったり関与していなかったりする状況であった

り、プロジェクトの成功基準がしっかり定義されていない状況など、数値化できない状況を表現して使います。

遅行指標：

プロジェクトの成果物やイベントを測定する指標であり、過去のパフォーマンスや状態を反映する指標です（事実になった後の情報）。

　　○ 遅行指標の例：完了した成果物の数、スケジュール差異やコスト差異、消費された資源量などを使います。

　遅行指標を使って成果と環境変数の相関関係を見つけると、さまざまな役に立ちます。例えば、スケジュール差異を示す遅行指標は、メンバーの不満との相関関係を示すことがあります。

効果的なメトリックス

　測定を行うことにも工数がかかるので、効率的に実施したいものです。そのためには関係のあるものだけを測定し、メトリックスが有用であることを確認する必要があります。一般的なメトリックスの特性を次に挙げます。5つの用語の頭字語としてSMARTと呼ばれます。

・ **具体的である（Specific）：**
　　何を測定するか具体的で、例えば、欠陥数、修正済み欠陥、欠陥修正の平均時間など。

・ **有意義である（Meaningful）：**
　　尺度は、ビジネス・ケース、ベースライン、要求事項に結び付いていること。

・ **達成可能である（Achievable）：**
　　目標は人員、技術、環境に照らして達成可能であること。

・ **関連性がある（Relevant）：**
　　尺度は、目標との関連性が必要。

・ **タイムリー（Timely）：**
　　役に立つ測定はタイムリーなものである。

　「SMART」という頭字語には他の表現がありますが、どちらを採用しても構いません。Specificは変わらないようです。その例には、次のものがあります。

- Measurable（測定可能である）
- Agreed to（合意されている）
- Realistic（現実的である）や Reasonable（合理的である）
- Time bound（期限がある）

▶▶ 測定の対象

　測定の対象はプロジェクト特性によって変わりますが、一般に次の事項が対象になります。

- 成果物のメトリックス
- デリバリー
- ベースライン上のパフォーマンス（実績）
- 資源
- 事業価値
- ステークホルダー
- 予測

　偏りがなくバランスのとれたメトリックスを使うと、活動の成果を総合的に把握可能になります。これらの項目について説明します。

成果物のメトリックス

エラーや欠陥についての情報：

　ソフトウエア開発では、よくバグ曲線や欠陥の原因分析情報が使われます。一般的なバグ曲線を図10-3に示します。

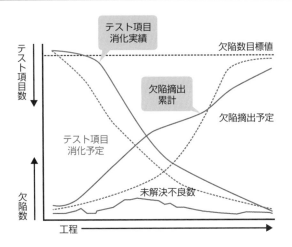

図10-3　バグ曲線の例

パフォーマンスの尺度：

　サイズ、重量、容量、精度、信頼性、効率、などのパフォーマンス尺度な
どがあります。

技術的なパフォーマンス尺度：

　これの定量化可能な尺度は、測定対象の構成要素が技術的な要求事項を満
たすことの確認に用いられます。そこから技術的ソリューションを実現する
ための進捗状況を深く理解することができます。

デリバリー

　デリバリーの尺度は進行中の作業に関連した事項で、適応型プロジェクトでよく
使われる項目です。

仕掛り作業：

　ある時点での仕掛り中の作業項目の数（WIP：Work in progress）で、こ
れをいかに減らすか、というように使います。図10-2と図10-4を参照し
てください。

リード・タイム：

　ユーザー・ストーリーがプロダクト・バックログに入ったときからイテレー
ションやリリースの終了までの経過時間です。イテレーション・バックログ

ではありません。

サイクル・タイム：

チームがひとつのタスクを完了するまでにかかる時間で、次のように算出します。

条件：1日25台製造できる自動車工場で、常時100台が製造ラインにあるときのサイクル・タイム

WIP＝100台（常時100台を仕掛りとします）

スループット（TP）＝25台／日（1日当たりの製造能力）

サイクル・タイム＝WIP÷TP＝4日間

図10-4に、カンバンボード上に示される、サイクル・タイムとリード・タイムの例を示します。

図10-4　サイクル・タイムとリード・タイム

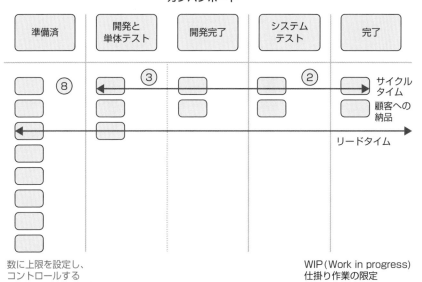

待ち行列のサイズ：リトルの法則では、待ち行列への到着率とそこから出る項目の完了率の両方に比例するとしています。ある店舗での買い物客の例では、次のようになります。

T_0（待ち時間）＝N_0（待ち人数）÷α（到着率）
N_1（店舗内客数）＝T_1（滞留時間）×β（来店率）
γ（1日の生産数）＝W（WIP）÷T_2（サイクル・タイム）

バッチ・サイズ：1回のイテレーションで完了する予定の作業で、作業工数、ストーリー・ポイントなどで表します。このためにベロシティ（Velocity）を使った例を図10-5に示します。イテレーションが8回実行された実績を棒グラフにしています。縦軸はイテレーションごとに完了したストーリー・ポイントです。ベロシティの本来の目的は、次のイテレーションにおけるストーリー・ポイントの目標数を決めることです。要するに過去の状況を分析して、チームの状況や環境を反映させて決めるのです。

図10-5　ベロシティ

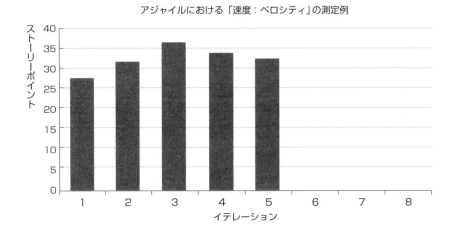

アジャイルにおける「速度：ベロシティ」の測定例

プロセス効率：付加価値がある時間と付加価値がない作業の割合を算出します（リーン・システムで使用されます）。図10-6にその例を示します。

図10-6　バリュー・ストリーム・マッピング

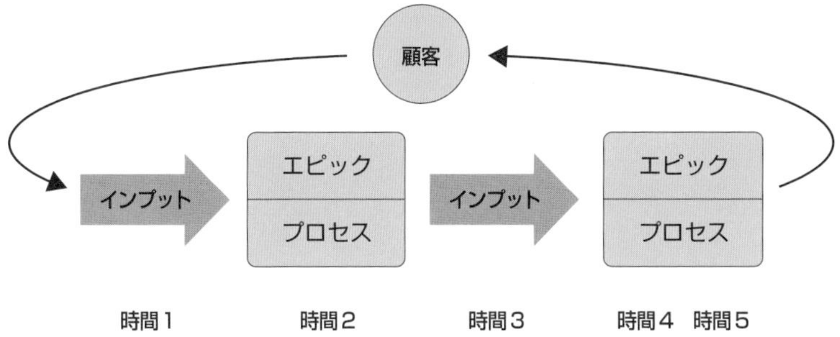

顧客

インプット｜エピック／プロセス｜インプット｜エピック／プロセス

時間1　　時間2　　時間3　　時間4　時間5

ベースラインのパフォーマンス

　予測型では3つのベースラインを定義しますが、多くのプロジェクトでの測定にはスケジュールとコストのベースラインが使われます。

　まずスケジュールの尺度について説明します。

開始日と終了日：

　アクティビティの初めと終わりの日が指定されて管理されます。

作業工数と所要期間：

　計画と実績の比較で評価します。

スケジュール差異（SV：Schedule Variance）：

　単純なスケジュール差異はクリティカル・パス上の進捗でわかりますが、アーンド・バリュー法では、アーンド・バリュー（EV：Earned Value）とプランド・バリュー（PV:Planned Value）の差になり、次の計算式で求めます。

$$SV = EV - PV$$

　スケジュール差異を金額で表現するので、これに違和感がある人のためには、時間軸で表現する方法もあります。図10-7は一般的なアーンド・バリュー・グラ

フですが、SVが二つ図示されています。中央に見えるSVが上記で説明した本来の値で、縦軸の金額で表現されています。中央下側に見えるSVは時間軸で表現した値を示しています。この場合のSVは次のように算出されます。

SV＝ES－AT

ES（Estimated Schedule）は見積もられた特定の時点であり、ATは測定時点です。その差を時間で表しています。このグラフでは、どちらのSVでもプラス値になりますから、目標とするEVよりも進捗が進んでいることを表しています。

図10-7 アーンド・バリュー法

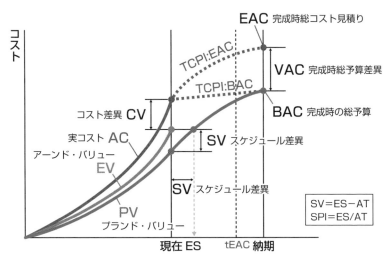

スケジュール効率指数（SPI：Schedule Performance Index）：

スケジュール効率指数はアーンド・バリュー法の尺度のひとつで、作業がどれだけ効率的に実行されているかを示します。次の計算式で求めます。

SPI＝EV ／ PV

SVを時間で表す場合には、次の式で算出します。

$$SPI＝ES ／ AT$$

スケジュール効率指数を使ったスケジュールの進捗管理では、SPIにしきい値を適用します。この値の設定については「計画パフォーマンス領域」のメトリックスの項で説明しましたので参照してください。

フィーチャー完了率：

フィーチャーやユーザー・ストーリーの受入率を管理します。イテレーションごとに次の計算式で求めます。

$$フィーチャー完了率＝受入数／計画数$$

コストの尺度

ここで、コストの尺度について説明します。

実コスト（AC：Actual Cost）：

人件費や資源の実コストと見積りコストを比較します。バーンレート（資金燃焼率）とも呼ばれます。実コスト自体はイメージしやすいのですが、実際に会計システムから実コストを求める場合にはちょっとした工夫が必要です。実コストには、人件費や物的資源の購入費用あるいはベンダーへの支払いなどがあります。これらの費用が外部に支払われる時期は実際にコストが発生した時期よりも後になるので、会計システムに反映されるのが遅れます。つまりEVが現場からの報告によって会計システムに反映される時期と必ずしも一致しないのです。そこでなんらかの調整が必要になります。例えば、実際にコストが発生した時点で「みなし支出」として計上する方法もあります。

コスト差異（CV：Cost Variance）：

単純なコスト差異は、成果物にかかった実コストと見積りコストを比較すれ

ばわかるのですが、アーンド・バリュー法では、アーンド・バリューと実コストの差になります。次の計算式で求めます。図10-7を参照してください。この図ではACの方が上回っているので赤字状態を表しています。

$$CV = EV - AC$$

コスト効率指数（CPI：Cost Performance Index）：

アーンド・バリュー法の尺度のひとつで、作業の予算コストに対して作業がどれだけ効率的に実行されているかを示す指標です。次の計算式で求めます。

$$CPI = EV ／ AC$$

物的資源（第7版では「資源」）

物的資源の測定値はコスト測定値のサブセットとも言われます。なぜかというと、物的資源は種類と数量で測定して管理しますが、結局は金額で表すことになるからです。つまり物的資源の差異はコスト差異につながるのです。そこで、価格の差異と使用状況の差異を評価するために、一般に、次の二つの尺度が使われます。

計画された資源の活用状況と計画との比較：

資源の使用実績を見積りと比較します。使用量の差異は、使用実績から予定使用量を差し引いて算出されます。

計画された資源コストと実績との比較：

資源にかかった実コストを見積りと比較します。価格差異は、実コストから見積りコストを差し引いて算出されます。

事業価値

事業価値の尺度は、プロジェクト成果物がビジネス・ケースやベネフィット実現計画書に沿っていることを確認するために使います。事業価値には財務と非財務の両方に多くの側面がありますが、代表的なものを説明します。

費用便益率：

初期コストとしての投資から想定される現在価値の尺度です。

計画されたベネフィットと実際のベネフィットとの比較：

ビジネス・ケースの一部として、あるいはプロジェクトの実施結果として提供されたベネフィットとして、価値を特定します。

投資対効果（ROI：Return On Investment）：

コストと比較した経済的利益の尺度で、プロジェクトを実施する意思決定のインプットとして算出します。

正味現在価値（NPV：Net Present Value）：

NPVは、一定期間での流入した資金の現在価値と流出した資金の現在価値との差で、プロジェクトの開始を決定する際に算出します。

ステークホルダー

ステークホルダーの満足度は、調査や推測あるいは次のような関連メトリックスを参照して測定します。

ネット・プロモーター・スコア（NPS：Net Promoter Score）：

ステークホルダー（通常は顧客）がプロダクトやサービスを他者に推奨する度合いを表していて、ビジネス後にアンケートなどで収集され、次のように表現されます。

値の範囲：－100 ～＋100

値が高ければ、ブランド、プロダクト、サービスへの満足度が高く、顧客ロイヤルティが高いことを示しています。

ムード・チャート：

チームという非常に重要なステークホルダーのグループのムードや反応を追跡します。例えば、毎日の終業時にメンバーは、色、数字、絵文字などを使って自分の気持ちを表します。これをリーダーが分析して、チームや個々の

メンバーの潜在的な課題や改善すべき領域を特定します。その例を図10-8
に示します。グラフは横軸に勤務時間を表します。縦軸はあまり意味がなく
メンバーが思い思いの箇所に付箋紙を貼り付けて退社します。あまり良く
ない状態を表現するときには赤い付箋紙を使い、良かった状態を表すとき
は緑色の付箋紙を使います。黄色の付箋紙を使って特記事項を記入するこ
ともあります。グラフの下側には、フェルトペンなどで打点する領域があっ
て、これはグラフの範囲内で上側が満足の程度を表し、下側で不満だった
程度を表しています。当然、無記名です。

図10-8 ムード・チャート

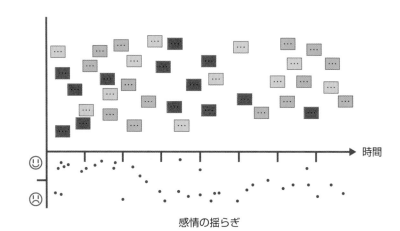

感情の揺らぎ

士気：チーム・メンバーに、次の項目にどの程度同意するか1～5の数値で
　　尋ねることがあります。いわゆるアンケート形式です。つぎの3項目につい
　　て点数で答えてもらいます。
　　　○ 私は、自分の仕事が全体的な成果に貢献していると感じている
　　　○ 私は、評価されていると感じている
　　　○ 私は、プロジェクト・チームが協力して行う仕事の進め方に満足している
離職率：
　　　士気を追跡する方法として、チームの離職率を見ることがあります。離

職率が想定以上に高いなら、士気が低いことを示す可能性があるからです。

予測

　将来何が起こるかを検討するために予測し、それに応じて、計画とプロジェクト作業を調整すべきかどうかを検討します。予測には定性的な方法と定量的な方法があります。

・**定性的予測**：

　将来の展望について専門家の判断を活用するなどの因果関係を示すこともありますし、特定のイベントや条件が将来のイベントに与える影響を認識することもあります。

・**定量的予測**：

　過去の情報を使って将来何が起こるかを推測する方法です。アーンド・バリュー法による定量的予測は大規模なプロジェクトでよく使われます。適応型開発方法でも使うことがありますが、アーンド・バリュー法の予測メトリックスは、主に予測型の環境で使われています。

残作業見積り（ETC：Estimate To Complete）：

　アーンド・バリュー法の尺度のひとつで、プロジェクトの残作業を終了するためのコストを予測します。過去の実績が今後も続くとする場合、次の式で算出します。

$$ETC = (BAC - EV) ／ CPI$$

完成時総コスト見積り（EAC：Estimate At Completion）：

　この尺度は、すべての作業を完了するために要する総コストを予測します。EACの算出には4つの方法があります。

○①**EAC＝AC＋ETC**：

　CPIがしきい値内の場合、または将来に改善が見込まれる場合は、実コスト＋残作業見積りで算出します。

○②**EAC＝BAC÷CPI**：

　CPIがしきい値から外れた場合は、この値を算出した後、是正処置を行

います。CPIは、EVとACのそれぞれの累積値から求められるので、プロジェクト後半になると分母・分子ともに大きな値になって、少々の是正処置では大きな改善を期待できません。その場合にはベースラインの再計画などの思い切った対策が必要になります。

○ ③EAC＝AC＋[ETC／(CPI × SPI)]：
CPIとSPIの両方を勘案する場合は、スケジュールの進捗状況も反映させます。

○ ④EAC＝AC＋[ETC／((CPI × α)＋(SPI × β))]：
CPIとSPIに重み付けする場合は、αとβを決めて算出します。一般にα＋β＝1とします。

完成時差異（VAC：Variance At Completion）：

EVMの尺度のひとつで、予算の不足額や余剰額を予測します。これは完成時総予算（BAC）と完成時総コスト見積り（EAC）との差異として次の式で算出します。

$$VAC ＝ BAC － EAC$$

BAC＜EACの場合には赤字になりますので、その程度によって対策が変わります。例えば、次のようなアイデアがあります。

①**予算を増やす：**
予備費から追加することになりますが、コンティンジェンシー予備は他のリスク用に用意してあるので、定められた手続きの下でマネジメント予備から充当してもらいます。当然コスト・ベースライン自体が変更になります。

②**予算を増やすと同時にコスト削減に努める：**
一般にこのアイデアが採用されるときは、作業効率をどの程度向上可能なのか検討しなければなりません。その最大限を示した上で予算の増額が承認されるでしょう。

③**コスト削減：**

上記と同じように作業効率向上の実現可能性を検討しなければなりません。精神的な努力では意味がありませんから、具体的な向上策が必要になります。

残作業効率指数（TCPI：To-Complete Performance Index）：

指定されたマネジメント目標を達成するために必要な、コスト・パフォーマンスを見積もるアーンド・バリュー法の尺度です。残予算に対する残作業を完了するためのコストの比率とも言えます。次の式で表します。

$$BACに基づいたTCPI＝（BAC－EV）／（BAC－AC）$$
$$EACに基づいたTCPI＝（BAC－EV）／（EAC－AC）$$

この計算は、前項で作業効率向上の実現可能性を検討するときに使われます。一般的な経験則では、30％向上が最大限です。特にプロジェクトのように短期間での成果を期待する場合には10％が限度でしょう。

回帰分析：

分析方法のひとつで、アウトプットに対応する一群のインプット変数との関係を調べ、数学的または統計的関係を明らかにします。この分析手法は、お互いに影響を与え合う値の関係性を調べる相関分析とは異なり、「影響を与える値」と「影響を与えられる値」の一方向の関係性を調べます。回帰分析には、単回帰分析と重回帰分析があります。マーケティング分野などでは、単回帰分析で、主に結果とその原因を推測するときに使います。重回帰分析とは、ひとつの目的変数yに対し、複数の説明変数xn（n＝1,2,3,……）を用いて関係性を検討する手法で、顧客満足度調査のデータを分析するときなどに使います。次の回帰式で算出します。

$$y＝ax1＋bx2＋cx3＋……＋dxn＋e$$

スループット分析：

一定の期間内に完了する項目数を評価します。計画パフォーマンス領域の

「見積り」と「サイクル・タイム」の項目を参照してください。適応型では、完了フィーチャーと残存フィーチャーの比較に使いますし、過去のベロシティを分析して完了すべきストーリー・ポイントを見積もるときにも使います。

▶▶ 情報の提示

情報提示にはいろいろな手法があります。

ダッシュボード

メトリックスの大量の情報を表す手法で、情報を電子データで集め、図表で示します。例えば、ストップライト・チャート（RAGチャートとも呼ばれる）、棒グラフ、円グラフ、管理図などがあります。RAGは、赤（red）黄（amber）緑（green）の頭字語です。日本式で言えば「赤、黄、青」でしょうか、信号色で表します。想定値が設定されたしきい値を超えているときには文章で説明を追加します。別名BVC（Big Visible Chart）とも呼ばれ、情報を可視化して、組織のプロジェクト外の人にも提供し、タイムリーな知識共有を可能にします。要するに、情報はスケジューリング・ツールやレポート・ツールに収めておくのではなく、人々が簡単に見られる場所に掲載することがポイントで、電子的に生成するのではなく手書きで作る、いわゆる「ロー・テク、ハイ・タッチ」が有効といえるのです。図10-9に例を示します。

図10-9　ダッシュボードの例

ポートフォリオ・スケジュール状況
危険 2
注意 8
良好 10

ポートフォリオ課題
プロジェクトA；課題‥‥
プロジェクトB；課題‥‥
プロジェクトC；課題‥‥

ポートフォリオ・リスク
プロジェクトA；リスク‥‥
プロジェクトB；リスク‥‥
プロジェクトC；リスク‥‥

ポートフォリオ課題

	予算	実績	差異
プロジェクトA；	400	200	200
プロジェクトB；	250	100	150
プロジェクトC；	150	200	-50

ビジュアル・コントロール

　リーン開発環境では、情報ラジエーターをビジュアル・コントロールと呼んで、実際のパフォーマンスと期待されるパフォーマンスを簡単に比較します。例えば、ビジュアル・キューでプロセスを表示して、事業価値から開始したタスクに至るまで、あらゆるレベルの情報に使えるようにするので、よく目立ち、誰もが見られるようにする必要があります。図10-6もよく使われる手法です。

タスク・ボード

　計画した作業を可視化して示し、誰にでもタスクの状態が見えるようにします。例えば、開始の準備ができている作業（To Do、Ready）、仕掛り作業（WIP：Work in progress）、完了した作業（Completed、Done）を表示すると全体像が明確に把握でき、さらに特定のタスクの現状や作業の各ステージの作業の数が誰にでもひと目でわかります。また、付箋の色で作業を分類し、ドットを使ってタスクが現在の位置にとどまっている日数を示すこともできます。図10-4もその例です。

　カンバンを使うプロジェクトなど、フローベースのプロジェクトでは、これらのチャートを使用して、仕掛り作業の量を制限できるようになります。要するに作業の流れのボトルネックを見つけて、そこで滞留しないようにコントロールするのです。例えば、ある列が仕掛り作業の制限に近づいているときには、チームはその作業に「スワーム：Swarm（群がる）」して、遅れているタスクの担当者を手助けするのです。それこそコラボレーションです。

　障害タスク・ボードも情報の共有化に有効なツールです。作業を完了するうえでの担当者、障害の説明、重大度、障害を解決するためにとる行動などを示しますが、チーム内で誰がどんな問題を抱えているのか、全員が知ることができます。それによってコラボレーションが容易になります。このボードの内容は、デイリー・スタンドアップ時に更新します。

バーン・チャート

　チームのベロシティを示す図表です。ベロシティは、事前に定義した期間内に成果物が生産され、妥当性確認され、受け入れられた生産レートの測定値を表します。ベロシティ・チャートは図10-5にその例があるように、次回のイテレーションに

おける目標値を決めるために使います。バーン・チャートには、バーン・アップと
バーン・ダウンの二種類があります。

バーンアップ・チャート

完了が予定されている作業量と完了した作業量を比較して追跡するためのグラ
フです。実績を累積して表示するので、達成感の醸成にもなります。

バーンダウン・チャート

ストーリー・ポイントの残数や、低減されたリスク・エクスポージャーの量（リ
スク・バーンダウン・チャートと呼ぶ）を表示するグラフです。ストーリー・ポイ
ントの残数から完了予定日を探る手法として「予測線」を追記することもあります。
図 10-1 にその例を示しました。図 10-10 にはリスク・バーンダウン・チャートの
例を図示します。

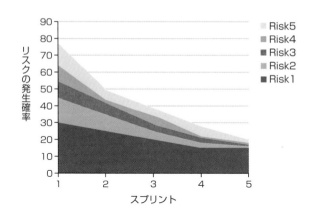

図10-10 リスク・バーンダウン・チャート

▶▶ 測定の落とし穴

メトリックスの落とし穴を認識することは、有効なメトリックスの設定に役立つ
うえ、不適切な尺度の危険性に注意することにもつながります。その例を第7版
に沿って説明しましょう。

- **ホーソン効果：**

  何かを測定しようとすること自体が振る舞いに影響を与えることを表して

います。ホーソンとは、米国の旧 WE 社（ウエスタン・エレクトリック社）のホーソン工場のことです。そこで工場の何を改善すれば一番効果的かを調査の目的とした測定が行われました。その結果、労働者の周囲や上司が関心を高めることが、物理的要因以上に効果のあることが判明したのです。このように、人は一般的に関心を持つ人や期待する人の心に応えようとする傾向があるとされ、医学の偽薬効果などに応用されています。

・ バニティ・メトリックス：

データは確かに存在しますが、意思決定に役立つ情報にはならない尺度のことです。要するに、目的に合わないデータのことを表しています。例えば、ウエブサイトのクリック数は事実として存在しますが、閲覧者が内容を理解したかどうかの尺度にはなりません。

・ 士気喪失：

達成不可能な尺度や目標が設定されると、目標未達が続きチームの士気が低下すると言われています。目標は、少しジャンプすれば届くくらいがちょうどいいのです。あまりに高い目標は「私には縁がない」というような気持ちにさせてしまって、動機付けにならないどころかネガティブな影響を及ぼすことがあります。また抽象的な目標値も役に立ちません。具体的な例を見せることによって納得感が出て、「頑張ってみようかな」という気持ちになるものです。

・ メトリックスの誤用：

人は測定値を歪めたり、間違ったことに焦点を当てたりすることがあるものです。自分の都合がいいように意識して歪めることは許されることではありませんが、無意識で歪めてしまうことがあります。特に統計的なデータを扱う場合には、その前提条件や測定環境に注意することが大切です。

・ 確証バイアス：

人間である以上、自らの先入観を支持する情報を探し、そこに目が行きがちです。例えば、二つの相反する結果を表す情報があったときに、自分が信じている先入観に近い方の情報を「正しい」と判断しがちになります。特に意思決定を行う場合には、客観的な判断のために有識者の意見を聴くこ

とが大切ですが、できるだけ先入観を持たないように努力しなければなりません。

・ **相関関係と因果関係：**

二つの変数の相関関係と、一方の変数が別の変数の原因となるという因果関係とを混同することがあります。因果関係は「原因と結果」の関係とも言えますが、相関関係は影響し合うことはあっても「原因と結果」の関係ではありません。それを誤解すると、例えば「なぜなぜ分析」を行って解決策をとろうとしても相関関係の事象には効果がありません。

▶▶ パフォーマンスのトラブルシューティング

測定値がしきい値の範囲外になったときの処置を事前に決めておく必要があります。例えば、スケジュール、予算、ベロシティ、その他プロジェクト固有の尺度などのメトリックスにしきい値を設定しますが、その範囲を超えた場合の処置を事前に決めて全員で合意しておきます。要するにリスク対策です。許容される差異の程度は、ステークホルダーのリスク許容度によって異なることが多いので、リスク・マネジメント活動の一環としてステークホルダーのリスク嗜好やリスク選好を把握することが重要です。

よく使われるしきい値には、スケジュールしきい値とコストのしきい値があります。両方とも計画パフォーマンス領域のメトリックスの項で説明しましたので参照してください。ここでは、しきい値を超えてしまった場合の例外処理について説明します。

例外計画は、しきい値を超えた場合、または超えることが予測された場合に実行される合意済みのアクション、と定義されます。例外計画の重要性は、課題について議論し何を行う必要があるかについて計画を立案することです。その計画が実施されたことを確認し、それが機能しているかどうかを判断しなければなりません。例えば傾向分析を定期的に行っていればしきい値を超える前に危険を捕捉することができます。要するに、チームが対策を講じるのに、しきい値を超えるまで待つべきではないということです。

▶▶ 成長と改善

　測定してデータを表示するという意図は、学習と改善を意味します。その意味で、パフォーマンスや効率の最適化には、次の性質をもつ情報だけを測定して報告する必要があります。成長は単に個人に当てはまるだけでなく組織としての成長が含まれます。PMBOKガイド流に言えば、プロジェクト二大アウトプットのひとつです。

- ・プロジェクト・チームが学習できること
- ・意思決定を促進できること
- ・プロダクトやプロジェクトのパフォーマンスのどこかを改善できること
- ・課題の回避に役立つこと
- ・パフォーマンスの低下を防止できること

　測定を適切に行うことで、チームの事業価値の創出能力およびプロジェクト目標とパフォーマンス目標を達成する能力を高めることができます。

▶▶ 活動のためのツールと技法

　この領域でよく使われる「方法」については説明の中でもたくさん紹介しましたが、ここでは名称だけを挙げておきます。

図10-11　測定パフォーマンス領域でよく使われる方法

分類	方法
データ収集・分析方法	ビジネス正当性分析（回収期間、内部収益率、投資収益率、正味現在価値、費用便益分析）、チェック・シート、品質コスト、アーンド・バリュー法、予測、プロセス分析、回帰分析、シミュレーション、傾向分析、差異分析
会議とイベントの方法	プロジェクト・レビュー、状況
その他	インパクト・マッピング、ネット・プロモーター・スコア、タイムボックス

10-2

活動結果の評価

この節では、測定パフォーマンス領域の活動をどう評価するかについて説きます。

▶▶ 期待される効果の確認

最初に提示したこの領域の活動に期待される成果を確認してみましょう。

①プロジェクトのステータスについて信頼性の高い理解
②意思決定を容易にする実用的なデータ
③プロジェクトのパフォーマンスを軌道に乗せるためのタイムリーで適切なアクション
④信頼性の高い予測と評価に基づいて、情報に基づいたタイムリーな意思決定を行うことで、目標を達成し、事業価値を創出すること

▶▶ 成果についてのチェック項目

それぞれについて、具体的なチェック項目のアイデアを挙げてみましたので参考にしてください。

①品質監査やプロジェクト監査などの結果から、特別な指摘事項がなく、適正なプロジェクト運営であることが示されている。
②測定値には偏見やバイアスがなく、事実を反映したものであり、誤って使われることなく素早い意思決定に役立っている。
③測定値の基本は先行指標であり、差異分析や傾向分析に役立っている。
④予測値はリスク・マネジメントへの重要なインプットになり、それを活用して効果的なリスク対策が策定され実行されている。

これらを参考にして、読者の担当するプロジェクトの環境に応じたアイデアを考えてください。

第11章

８つの活動領域の勘どころ⑧
不確かさ
パフォーマンス領域

この章では、８つの活動領域のうち、不確かさパフォーマ

ンス領域について、その勘どころを解説します。

11-1

領域の概要と活動の目的

この節では、不確かさパフォーマンス領域の概要と、その活動の目的を説いていきます。

▶▶ 期待される効果

この領域は、リスクと不確かさに関連する活動と機能に対応します。このパフォーマンス領域を効果的に実行すると、次のような成果が得られます。

①プロジェクトが行われる環境の認識。技術的、社会的、政治的、市場、経済的環境などが含まれるがこれらに限定されない

②不確かさを積極的に調査し、対応する

③プロジェクトにおける複数の変数の相互依存性の認識

④脅威や好機を予測し、問題の因果関係を理解する能力

⑤予期しないイベントや条件からの悪影響がほとんどない、またはまったくないプロジェクトの実行

⑥プロジェクトのパフォーマンスと成果を改善する好機が訪れる

⑦コストとスケジュールの予備は、プロジェクトの目標との整合性を維持するために効果的に利用される

プロジェクトが存在する環境は、不確かさの度合いがさまざまです。不確かさが示す脅威と好機については、チームが探求し、査定し、どのように対処するかを決定する必要があります。

不確かさとは、広義では、不明または予測不可能な状態を言います。例えば、次のような状態があります。

・将来何が起こるか分からないことに伴うリスク

・現在または将来の状況を認識していないことに伴う曖昧さ

・ 予測不可能な成果をもたらす動的な仕組みに伴う複雑さ

さらに、次の要素はプロジェクトの不確かさの原因になります。

・ 経済的要因
・ 技術的な考慮事項
・ 法的や規制に関する制約条件や要求事項
・ 安全、天候、作業条件に関連する物理的環境
・ 現在または将来の条件に伴う曖昧さ
・ 意見やメディアによって形成される社会および市場への影響
・ 組織の外部や内部からの、組織への政治的な影響

▶▶ 一般的な不確かさ

　不確かさは、すべてのプロジェクトに内在しています。どの活動への影響も正確に予測することはできないし、さまざまな範囲の成果となるでしょう。特に、プロジェクト目標にプラスの影響をもたらしうる事象は好機と呼ばれ、マイナスの影響をもたらしうる事象は脅威と呼ばれます。これらをプロジェクト・リスクと呼び、まったく無くすことはできませんが、事前に対応することでプラスの影響を増加しマイナスの影響を最小化することが出来るようになります。

　次のような活動で、不確かさに対応します。

・ **情報を収集する：**
　不確かな領域に関するデータをできるだけ多く入手して、専門家や有識者からのアドバイスを得ると良いでしょう。

・ **複数の成果に備える：**
　最善だけにとらわれず、次善の策を準備する。例えばバックアップ計画やフォールバック計画がありますし、コンティンジェンシー計画もそのひとつとして準備することが大切です。

- **セットベースの設計：**

  プロジェクトの初期段階で、複数の設計または代替案を調査することによって、さまざまなトレードオフを検討することができます。例えば、時間対コスト、品質対コスト、品質対スケジュールなどがあります。これらについて事前に検討することによってプロジェクト全体の最適化が図れます。

- **回復力を養う：**

  予期せぬ変化に適応し、迅速に対応する能力を身に付けることによって、早期に失敗した経験から教訓を得て、成功へと進むことができるようになります。

▶▶ 曖昧さ

曖昧さには、概念的な曖昧さと状況的な曖昧さがあります。

- 概念的な曖昧さ（有効な理解の欠如）：類似した用語を違った意味で使ったり、類似した議論を違う方法で行ったりするときに発生します。例えば、「スケジュールは先週順調であると報告された」という表現は明確ではありません。

- 状況的な曖昧さは、複数の成果が可能になるときに表面化します。例えば、ひとつの問題を解決するために複数の選択肢があるような場合に発生します。

曖昧さに対処する方法として、次のような活動があります。

- 段階的詳細化：プロジェクトの進捗に連れて情報が増え、より正確な見積りが可能になるので、計画書が詳細化できるようになります。

- 実験：頭で考えるだけでなく、実際にやってみることが大切です。これによって、例えば物事の因果関係が明確になり、曖昧さを無くすことが出来ます。

- プロトタイプ：「百聞は一見にしかず」です。特に顧客要望が曖昧であるときに、プロトタイプやモックアップなどを見せることによって具体性が出て

きて、曖昧さが無くなります。

▶▶ 複雑さ

人間の振る舞い、システムの振る舞い、または曖昧さのために、マネジメントするのが困難なプログラム、プロジェクト、またはその環境の特性をいいます。複雑さは、多くの影響が相互に絡み合い、それらがさまざまな方法で相互に作用するときに生じます。複雑な環境では、個々の要素が集約されて予期せぬ成果や意図せぬ成果になることもあります。複雑さからの影響によって、成果がどの程度完了できるのかを正確に予測する方法が無く、またどのような結果が生じ得るかを知る方法すらありません。ここで、複雑さに対処する方法について説明します。

システムベース：システムベースの複雑さに対処する方法の例

・ **デカップリング：**

システム（仕組み）を分解して、簡素化するとそれぞれのパートの動きを理解できるようになります。そこから真の問題点を見つけ出すことができるようになります。

・ **シミュレーション：**

同様なシステムやツールを使って、いろいろな条件を変えて繰り返すことによって問題を顕在化させ、真の原因を探し出します。

再構成：再構成に関わる複雑さに対処する方法の例

・ **多様性：**

システムを観察するときには、多方向から注意深く見ることが重要です。その場合はなるべく多くの人たちのアイデアを集めるためにブレーンストーミングが有効です。その際にはデルファイ法を採り入れて、意見が偏らないように工夫してファシリテーションすることが大切です。

・ **バランス：**

さまざまなデータを入手すると、測定の落とし穴にはまりやすくなります。冷静に広い視点で分析しなければなりません。

プロセスベース：プロセスベースの複雑さに対処する方法の例

- **イテレーション：**

反復型や漸進型を採り入れて、短い期間を反復することで複雑さに対処できます。それによって顧客の反応が早く入手でき、頻繁なレトロスペクティブが学習効果を生み出します。

- **エンゲージメント：**

顧客を含めたステークホルダーの積極的な関与によってコミュニケーションが良くなり、意見の齟齬がなくなります。

- **フェイルセーフ：**

完全に障害のないシステムを構築することは不可能なので、冗長性などを組み込んで、障害が発生したときの被害を最小限に抑えます。

▶▶ 変動性

不確かさ、曖昧さ、複雑さ、変動性に効果的に対処することで、状況を予測し、適切な意思決定を行い、計画を立て、問題を解決する能力が向上します。急激で予測不能な変化が発生する環境には変動性が存在しますが、特に、利用可能なスキル・セットや資材が頻繁に変化するときに発生するものです。そこで次の対応が必要になります。

- **代替案分析：**

代替案を見いだし、評価することです。少なくても3つのアイデアを準備してメリット・デメリットを明示しておくと良いでしょう。「これっきゃない！」は自分自身を鼓舞する表現としては有効でしょうが、顧客を含むステークホルダーに向けて発する言葉ではありません。

- **予備：**

コスト予備は、価格の変動による予算超過を補うために準備します。スケジュール予備は、資源の可用性の変動による遅延に対処するために準備します。いずれにしても通常「バッファー」と呼ばれる手法です。よく「余裕がないからバッファーは不要だ！」と言う人がいますが、全くの勘違いです。

バッファーはリスク対策ですから必須アイテムです。バッファーを管理する手法として有名な、エリヤフ・ゴールドラット博士の著書「クリティカル・チェーン」を参考にしてください。

　これらの対策によって、不確かさ、曖昧さ、複雑さ、変動性に効果的に対処することが出来ます。状況を予測し、適切な意思決定を行い、計画を立て、問題を解決する能力が向上するのです。

▶▶ リスク

　リスクは不確かさの一側面です。リスクは発生が不確かなイベントまたは状態であり、もし発生したら、プロジェクト目標にプラス（好機）あるいはマイナス（脅威）の影響を及ぼします。プロジェクトのリスクには、個別リスクと全体リスクがあります。

- **プロジェクトの個別リスク：**
  プロジェクトの個別目標に影響を及ぼすリスクです。すべてのプロジェクトにはリスクがあります。脅威の影響を回避したり最小限に抑えたり、好機の影響を引き寄せたり最大化したりするために、プロジェクトの期間を通じてリスクを積極的に特定する必要があります。

- **個別リスクへの対応：**
  次に、特定されたリスクを分析し、脅威と好機の両方に適切な対応戦略を策定します。リスクには、必ずしも積極的な事前対策を必要としないものもあります。それらを分類して、リスクに効果的に対処するためには、どの程度のリスク・エクスポージャーがステークホルダーに許容されるかを知る必要があります。
  リスク対応策が作成された後は、計画された対応によって二次リスクが生じないかを確認します。さらに対応策が実行された後に存在する残存リスクも査定しなければなりません。対応計画は、残存リスクが組織のリスク選好に適合するまで繰り返されるのです。

- **プロジェクトの全体リスク：**

  プロジェクト全体に及ぼす不確かさの影響であり、不確かさのすべての要因から生じます。それには、個々のリスクだけでなく、プロジェクト成果（プラスとマイナスの両方）の変動がもたらす影響へのエクスポージャーが含まれます。これらは、複雑さ、曖昧さ、変動性の関数となることが多いものです。

- **全体リスクへの対応：**

  個々の脅威や好機へのものと同様ですが、特定のイベントにではなくプロジェクト全体に適用されます。全体リスクが高すぎるなら、組織はプロジェクトの中止を選択することもあります。

▶▶ 脅威

脅威は、もし発生したら、目標にマイナスの影響を及ぼすイベントまたは状態です。脅威には5つの対処法があります。

①**エスカレーション：**

エスカレーションが適切であるのは、チームやプロジェクトのスポンサーが、脅威はプロジェクト・スコープの外部にあるか、または提案された対応策がプロジェクト・マネジャーの権限を超えていることに同意するときです。そのリスクをマネジメントするにふさわしい他者にオーナーシップを渡します。

②**回避：**

脅威の回避とは、脅威を除去する、または脅威の影響からプロジェクトを保護するためにチームが対応することで、エクスポージャーをゼロにする対策です。エクスポージャーの大きさは発生確率と影響度の積で求めます。つまり、発生確率か影響度をゼロすればいいのですが、現実的な解としては最も難しい戦略です。

③**転嫁：**

転嫁は、リスクをマネジメントし脅威が発生した場合にその影響に耐えるために、脅威のオーナーシップを第三者に移転することです。その多くは保

険を掛けたり危険作業を外注したりするなどの対応策をとります。

④**軽減**：

脅威の軽減では、脅威の発生確率や影響を低減するための処置を事前に講じます。エクスポージャーの大きさが受容できる大きさまで小さくできなければ効果がありません。

⑤**受容**：

脅威の存在を認めますが、事前に行う積極的な行動を計画しない戦略です。それには二つの対策があります。

○ **能動的受容**：

事前対策は行いませんが、イベントが発生したときに発動するコンティンジェンシー計画の作成が含まれます。

○ **受動的受容**：

事前には何もしません。発生時対応に任せますが、そのときは課題として対応します。

　特定の脅威への対応には、複数の戦略が含まれることがあります。例えば、ある対策では脅威を回避できなくても、転嫁または受容可能なレベルにまで軽減できるようにする対策も考慮しておきます。脅威への対応を実施する目的は、マイナスのリスクの量を減らすことです。受容されたリスクは、単に時間の経過によって、またはリスク・イベントが発生しないために低減することもあります。図10-10にリスク・プロファイルの例として、リスク・バーンダウン・チャートを図示しました。

　業務の優先順位付けを経済的観点で把握するために、期待金額価値分析を行うことがあります。これは脅威の回避や低減につながる行動を優先するためですが、リスクの期待金額価値（EMV：Expected Monetary Value）と成果物やフィーチャーの期待される投資対効果（ROI：Return On Investment）を比較して判断します。例えば、計画された作業についてのリスク対応を、いつどこで実行するかについて、スポンサーやプロダクト・オーナーと対話して決めます。リスク調整後のROIの変化の様子を図11-1に示しますが、期待金額価値自体は確率的に求め

るので、図11-1はイメージとして捉えてください。

図11-1 リスク調整に伴うROIの変化

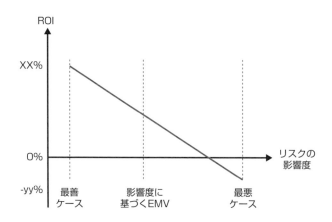

▶▶ 好機

　好機は、もし発生したら、プロジェクト目標にプラスの影響を及ぼすイベントまたは状態をいいます。好機にも5つの対処法があります。

　①エスカレーション：

　　チームやスポンサーが、好機はプロジェクト・スコープ外部にあるか、または提案された対応策がプロジェクト・マネジャーの権限を超えていることに同意することで、そのリスクをマネジメントするにふさわしい他者にオーナーシップを渡します。

　②活用：

　　この戦略に基づいて、確実に好機がもたらされるように取り組みます。

　③共有：

　　ある好機の便益を最大限に捉えることのできる第三者に、そのオーナーシップを割り当てます。

④**強化**：

チームが好機の発生確率または影響度を増加させるように行動します。

⑤**受容**：

好機の存在を認めますが、いかなる積極的な行動も計画しません。

マネジメント予備とコンティンジェンシー予備：

予備には、前述したように時間と予算の予備がありますが、予算の予備は、さらにコンティンジェンシー予備とマネジメント予備に分類されます。

○ **コンティンジェンシー予備**：

特定されたリスクが発生するものとして対処するために確保されて、この予算はコスト・ベースラインに含まれます。要するに、既知の未知（Known-Unknown）への対応です。リスクとしては既知ですが、対処するためにコストや時間をどれくらい消費するか不明なリスクへの対応費用です。

○ **マネジメント予備**：

スコープ内の予定外作業などの未知のイベントのために使われる予算カテゴリーであって、コスト・ベースラインには含まれません。要するに、未知の未知（Unknown-Unknown）への対応です。リスクとしても未知で、対処するためにコストや時間をどれくらい消費するか不明なリスクへの対応費用です。

リスク・レビュー：

デイリー・スタンドアップ・ミーティングは、あらゆるプロジェクトで使え、潜在的な脅威や好機を特定するための場にもなります。このミーティングでは報告が中心ですが、決められたタイムボックス内でメンバーが抱えている障害や問題を報告する時間があります。これをリスクとして捉えて対処することが大切です。

プロダクトやサービスの増分、中間設計、または概念実証（PoC：Proof of Concept）を頻繁にデモすると脅威や好機を表面化させることができます。特に顧客からのネガティブなフィードバックには早く対処しないと、大きな脅威の発生

に結びついてしまいます。

　週次の状況会議でリスクに対処することで、リスク・マネジメントを意味のある
ものに維持できるし、新しいリスクを特定し、既存のリスクの変化を明らかにもで
きます。

　レトロスペクティブや教訓を踏まえた会議によって、パフォーマンスやチームの
結束などに対する脅威を特定し、改善を図ることができます。また好機を活用し
強化するための方法を試みることができるようになります。

▶▶ 活動のためのツールと技法

　この領域でよく使われる「方法」については説明の中でもたくさん紹介しました
が、ここでは名称だけを挙げておきます。

図11-2　不確かさパフォーマンス領域でよく使われる方法	
分類	方法
データ収集・分析方法	代替案分析、前提条件・制約条件分析、発生確率・影響度マトリックス、SWOT分析、What-ifシナリオ分析
会議とイベントの方法	リスク・レビュー

11-2

活動結果の評価

この節では、不確かさパフォーマンス領域の活動をどう評価するかについて説きます。

▶▶ 期待される効果

最初に提示したこの領域の活動に期待される成果を確認してみましょう。

①プロジェクトが行われる環境の認識。技術的、社会的、政治的、市場、経済的環境などが含まれるがこれらに限定されない

②不確かさを積極的に調査し、対応する

③プロジェクトにおける複数の変数の相互依存性の認識

④脅威や好機を予測し、問題の因果関係を理解する能力

⑤予期しないイベントや条件からの悪影響がほとんどない、またはまったくないプロジェクトの実行

⑥プロジェクトのパフォーマンスと成果を改善する好機が訪れる

⑦コストとスケジュールの予備は、プロジェクトの目標との整合性を維持するために効果的に利用される

▶▶ 成果についてのチェック項目

それぞれについて、具体的なチェック項目のアイデアを挙げてみましたので参考にしてください。

①チームは、不確かさやリスクの対応策を考慮する際に、VUCA（Volatility：変動性、Uncertainty：不確かさ、Complexity：複雑さ、Ambiguity：曖昧さ）あるいは、PESTLE（Political：政治、Economic：経済、Social：社会、Technological：技術、Legal：法律、Environment：環境）など、プロジェクトの全体リスクに関する事項を採り入れている。

②リスク対応策は、リスク登録簿などに記入された後、具体的なスコープ、スケジュール、コストの計画に反映されて実行されている。

③複雑さ、曖昧さ、変動性に対処する活動は、プロジェクトの規模などの特性に合わせて適切である。

④リスク・マネジメント活動として、一連のプロセスが確立されていて実行されている。

⑤約束した納品日に間に合い、顧客満足を得た上に、予算のしきい値内に収まっている。

⑥チームは好機を特定できていて、活用している。

⑦予算とスケジュールに関するバッファーが適切に設定され残余バッファーが管理されている。

　これらの項目を参考として、読者が担当するプロジェクトの特性に合わせて、よいアイデアを出してください。

第12章

テーラリング

第1版から主張してきたにもかかわらずなかなか理解・実行されない「テーラリング」は、第7版では独立した章となりました。この章では、「テーラリング」について説きます。

12-1
プロジェクトを仕立てる
テーラリングの重要性

この節では、なぜテーラリングが重要なのかを説きます。

▶▶ テーラリングとは

　テーラリング（Tailoring）とは、プロジェクトマネジメントのアプローチ、ガバナンス、プロセスが特定の環境および目前のタスクに、より適合するように、それらを慎重に適応させることです。

　テーラリングを行う場合、開発アプローチ、プロセス、プロジェクト・ライフサイクル、成果物、関与する人などの選択を考慮し、さらに、指針となるプロジェクトマネジメントの原理・原則、組織の価値観、および組織文化などを採り入れて進める必要があります。

　例えば、組織が「カスタマーファースト」を主な価値観としている場合には、要求事項の選定とスコープの妥当性確認を行う活動として、顧客中心主義の手法が優先されるでしょう。これは「ステークホルダーと効果的に関わる」の原理・原則に沿っていると言えます。

　「リスク対応の最適化」の原理・原則に沿っている例としては、次のように相反するケースもあります。

- ・リスクをあまり好まない組織には、プロセスや手順が多数存在する
- ・リスク許容度が高い場合は、プロセスと手順が少ない

　「テーラリング」と呼ばれるか否かにかかわらず、複数のプロジェクト要因を意識的に選び、調整することが重要です。「PMBOKガイド」というように「PMBOK」に「ガイド」を加えてあるのは、テーラリングのための参考書だという意味にとってもおかしくありません。先に「守破離」の思想について紹介しましたが、PMBOKガイドをその「守」に当てはめて、「破」がテーラリングに相当するとも

言えます。それが成功すれば「離」として標準化が成し遂げられるというように考えられます。

　プロジェクトは、次に示すような競合する可能性のある要求事項間のバランスを取らなければならない複雑な環境下で進められことが多いものです。

- ・ 可能な限り迅速な提供
- ・ プロジェクト・コストの最小化
- ・ 価値提供の最適化
- ・ 高品質の成果物と成果の実現
- ・ 規制基準の順守
- ・ 多様なステークホルダーの期待の満足
- ・ 変化への適応

　これらの要因を理解し、評価し、バランスを取り、プロジェクトの実務的な作業環境を構築する必要があります。

▶▶ テーラリングする理由

　プロジェクトを実施するための構造は、範囲、厳密さ、周到さの程度においてさまざまです。ですから、すべてのプロジェクトに常に適用できるという単一の手法はありません。テーラリング・プロセスにも、プロジェクトの重要度や関与するステークホルダーの数などの変動要因があります。

　テーラリングによって個々のプロジェクトの規模、期間、複雑さを反映し、組織が属する業界、組織文化、組織のプロジェクトマネジメント成熟度に適応させるのです。テーラリングの利点をいくつか挙げてみます。

- ・ アプローチのテーラリングを支援したチーム・メンバーのコミットメントが高まる。
- ・ 顧客のニーズが開発における重要な影響因子であることから、顧客指向となる。

・プロジェクト資源が効率的に使用される。

▶▶ テーラリングの対象

一般に、テーラリングの対象となる4つの項目について説明します。

①ライフサイクルと開発アプローチの選定

ライフサイクルはフェーズの集合体です。要するにどのようにフェーズを分割して進めるのか、ということです。通常、組織のガバナンス・システムからの要請があって決定することが多いものです。小規模なプロジェクトでのゲート・レビューは、開始と終結でしか行われないでしょう。大規模の場合は複数のフェーズに分割されて、フェーズ間でのゲート・レビューが設定されることになります。

開発アプローチは、通常、予測型かアジャイルか、という選択になりますが、アジャイルの中にも多数の開発手法があるので、単に「アジャイルで進める」といっても成立しません。どう選択するかについては、PMIが出版している「働き方を最適化するディシプリンド・アジャイル・アプローチ第2版」に詳しいので、そちらを参照していただくとして、本書では割愛します。

②プロセス

選択したライフサイクルと開発アプローチを具体的に進めるためのプロセスが必要になります。例えば、予測型の標準である第6版には49のプロセスが定義されています。この49プロセスは、大規模から小規模プロジェクトまで適応できるように記述してあります。つまり、プロジェクトの特性に合わせてテーラリングできるようになっているのです。同じように、適応型にもプロセスが定義されていますから、次の要素を検討しながら取捨選択するのです。

・**追加**：
　必要な厳格さや範囲を実現する、または固有のプロダクトや動作環境条件に対応する。

・**変更**：
　プロジェクトやチームの要求事項に沿う。

・**削除**：
　コストや労力が不要になった、あるいはそのプロセスがもたらす付加価値

に対しては不経済なので、そのコストや労力を削減する。

- **混合：**
  複数の要素を混ぜたり結合させたりして、付加的なメリットや価値をもたらす。

- **整合：**
  各要素を調整し、定義、理解、適用の一貫性を実現する。

③エンゲージメント

ステークホルダーに関するテーラリング要素には、次の事項があります。

- **人材：**
  プロジェクトのリーダーとメンバーのスキルや達成能力を評価

- **エンパワーメント：**
  権限と責任の委譲範囲や程度

- **統合：**
  契約相手、チャネル・パートナー、その他の社外組織の参加者を含める

④ツール

チームがプロジェクトに使用するツールを選定します。例えば、ソフトウエアや機器などがありますが組織の制約条件に従わなくてはならないことがあります。

⑤方法と作成物

PMBOKガイドにはプロジェクトで使用する文書、テンプレート、その他の作成物が多く紹介されていますが、その中から選択します。

アジャイルの世界でよく誤解されていることに「アジャイルでは報告書は不要だ」ということがあります。趣味や個人的なプロジェクトでは不要かもしれませんが、ここではビジネスの世界なので、最低限必要な文書があります。無駄なことは確かに不要ですが、組織として財務や会計上必要な情報を支援する文書は絶対に必要です。

第12章 テーラリング

12-2

テーラリング・プロセス

この節では、改めてテーラリングの進め方について解説します。

▶▶ テーラリング・プロセスの全体像

テーラリング・プロセスの全体像を図12-1に示します。

図12-1 テーラリングの全体像

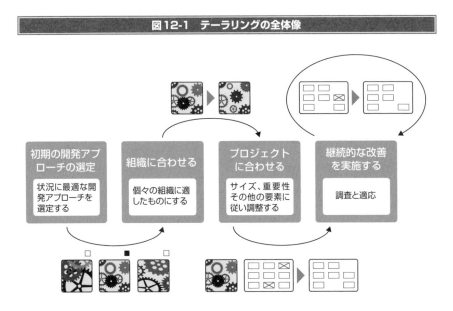

▶▶ ①初期の開発アプローチの選定

プロジェクトに使用する開発アプローチを決定します。チームは、プロダクトやケイデンスの知識、および利用可能なオプションの認識を生かして、おかれた状況に最適な開発アプローチを選定します。そこでよく使われるツールのひとつに「適合性フィルター」があります。そのフィルターのパラメーターには3つあり、それぞれに得点を付けてグラフにして最終的な判断の材料にします。そのグラフを図12-2に示します。

- **文化：**

  アプローチへの賛同とチームへの信頼を基盤とした支援を得られるか

- **チーム：**

  メンバーは成功するために必要な経験と、ビジネス担当者へのアクセスを持っているか

- **プロジェクト：**

  変更頻度が高いか。漸進的デリバリーは可能か。プロジェクトはどの程度重要か

図12-2の中心から外に向かって目盛が付いていますが、これが得点です。得点が低い場合は予測型が合っているし、高い場合は適応型が合っているというように見ます。得点がその中間にある部分ではハイブリッドと言うようになっています。これはあくまでガイドですから、最終決断は総合的に判断することになります。この手法は、PMI出版の「アジャイル実務ガイド」に詳しいので、紹介だけにします。

図12-2　適合フィルターの例

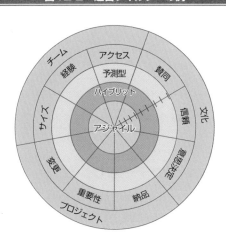

▶▶ ②組織に合わせたテーラリング

　組織にテーラリングに関する承認や監理の仕組みがある場合には、組織におけるプロジェクト方法論、マネジメント・アプローチ、開発アプローチの定義に沿う必要があります。さらにプロセス・ガバナンスが確立している組織では、組織方針との整合性を確認する必要があります。

　プロジェクトへの制約条件が決定要因となることがあります。例えば、安全を最重視する大規模なプロジェクトのテーラリングでは、誤り、損失、またはそれ以降の問題を予防するために、監理と承認が追加されるでしょうし、契約に基づいて実行するプロジェクトには、特定のライフサイクル、実施アプローチ、または方法論の使用を指定するものがあるでしょう。この様子を図12-3に示します。

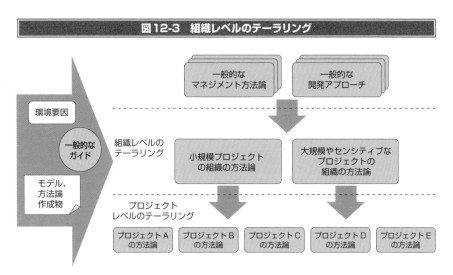

図12-3　組織レベルのテーラリング

▶▶ ③プロジェクトに合わせたテーラリング

　プロジェクトのテーラリングに影響を与える属性としては、次に挙げるものがあります。

　　・ プロダクトや成果物
　　・ プロジェクト・チーム

・文化

　チームは、プロセス、実施アプローチ、ライフサイクル、ツール、方法、作成物
などの属性を検討し、テーラリング・プロセスの実施に役立てる必要があります。
これらの3項目について説明しましょう。

プロダクトや成果物の属性

・**コンプライアンスや重大性：**
　　コンプライアンスは、大きな制約条件になります。

・**プロダクトや成果物のタイプ：**
　　仕様が明確かどうか、経験があるかどうか、などに影響されます。

・**業界市場：**
　　規制、競争相手、変化のスピードなどに影響されます。

・**技術：**
　　成熟し安定しているのか、急速な発展が見込まれるのかなどに影響されま
　　す。

・**期間：**
　　プロジェクトの期間についての属性です。

・**要求事項の安定性：**
　　ステークホルダーの要求の変化の程度によって影響されます。

・**セキュリティ：**
　　プロダクト特性として秘匿性があるのかどうかによって影響されます。

・**漸進型提供：**
　　漸進的に納品して、ステークホルダーからフィードバックを継続的に得られ
　　るかどうかに影響されます。

プロジェクト・チーム

・**チームの規模：**
　　メンバーは専任できるのか、他業務との兼任なのかによって影響されます。

・**チームの地理的要因：**
　　コロケーション可能か、リモートでのバーチャル・チームになるのかによっ

て影響を受けます。

- **組織の分散**：
  主要なステークホルダーが各地に分散しているかどうかによって影響を受けます。

- **チームの経験**：
  業界の経験、一緒に働いた経験、スキル、などによって影響を受けます。

- **顧客へのアクセス**：
  顧客担当者から直接タイムリーにフィードバックを受けることが可能かどうかによって影響を受けます。

文化

- **賛同**：
  採用しようとしているアプローチがステークホルダーにどの程度支援されるのかによって影響を受けます。

- **信頼**：
  チームの能力や取り組みに信頼を寄せているかどうかによって影響を受けます。

- **エンパワーメント**：
  信頼と同じようですが、責任を持って任されるかどうかによって影響を受けます。

- **組織文化**：
  組織的な価値観によって影響を受けます。

継続的改善

　テーラリングのプロセスは、プロジェクト開始時に一回実施して終わりではありません。継続的な改善が求められます。例えば、レビュー・ポイント、フェーズ・ゲート、レトロスペクティブでの改善箇所の特定によって、テーラリングされることがあります。チームがプロセスの改善に積極的に取り組むことで、責任感が醸成され、継続的な改善と品質の実現に向けたコミットメントを示せるということです。

　テーラリングを伴うチームのエンゲージメントは、現状に甘んじることのない、革新と改善のマインドセットを示すことになります。

12-3
各パフォーマンス領域のテーラリング

この節では、各パフォーマンス領域におけるテーラリングのポイントについて説明します。

▶▶ ステークホルダー

- **サプライヤーとの協働的な環境はあるのか**：
  受発注の関係は、契約を中心とした Win-Win の関係で、上下関係ではありません。コラボレーションを推進したいものです。
- **組織の内部にいるか、外部にいるか、あるいはその両方か**：
  情報の秘匿性や機微性に注意しなければなりませんし、外部の場合はアクセスの柔軟性に課題が見られるでしょう。
- **コミュニケーションに、適切でコスト効率に優れている技術はどれか**：
  ステークホルダーが使える技術であり、安定した技術が求められます。
- **どのようなコミュニケーション技術が利用できるのか**：
  採用可能な技術をすべて検討します。
- **言語はひとつか、多様な言語のステークホルダーに対応するための配慮がされているか**：
  多言語や文化の多様性に適応しなければなりません。「郷に入ったら郷に従え」ではなく、お互いを尊重する文化を構築する必要があります。
- **何人いるか、ステークホルダー・コミュニティ内の文化はどの程度多様か、コミュニティ内の関係はどのようなものか**：
  個人のステークホルダーやグループが参加するネットワークが多くなればなるほど、ステークホルダーが受け取る情報や誤情報のネットワークは複雑になります。コミュニケーション・チャネルの種類と数を把握して対応する必要があります。

▶▶ プロジェクト・チーム

- **チーム・メンバーの物理的な所在地はどこか：**
コロケーションかバーチャル・チームにするのかに影響します。

- **チームは多様な視点や文化的観点を考慮しているか：**
グローバル・プロジェクトには必須の観点です。

- **チーム・メンバーをどのように特定しているか：**
専任なのか他業務との兼任なのかによって作業のパフォーマンスに影響を与えます。あるいはベンダーからの参加なのかどうかもキーポイントになります。

- **チームは確立した文化を持っているか：**
チーム文化を評価することはなかなか難しい問題ですが、既存組織から招集したメンバーの場合と、他社との混成の場合とで考慮すべき観点が異なります。またテーラリングは既存の文化からどのような影響を受け、既存の文化はテーラリングからどのような影響を受けるかについても検討しなければなりません。

- **チーム育成はどのようにマネジメントされるか：**
育成のためのポリシーや教育などの育成のツールによっては影響を受けます。

- **特別なニーズを持つチーム・メンバーはいるか、チームには多様性をマネジメントするための特別なトレーニングが必要か：**
特に異なる文化を持つメンバーへの心遣いや気配りが要求されるので、トレーニングを含めて考慮しなければなりません。

▶▶ 開発アプローチとライフサイクル

- **プロダクト、サービス、または所産に適した開発アプローチはどれか。適応型の場合、プロジェクトは漸進的に開発すべきか、反復的に開発すべきか、ハイブリッド・アプローチが最良か：**
前出した適合フィルターが利用できます。

- **このプロジェクトに適したライフサイクルはどれか。どのようなフェーズで**

構成すべきか：

組織のガバナンスに影響を受けます。

・**組織には、正式または略式の監査およびガバナンスの方針、手続き、ガイドラインがあるか：**

最大限利用します。

▶▶ 計画

・**内部および外部の環境要因は、プロジェクトと成果物にどのような影響を与える可能性があるか：**

プロジェクト計画には必須の考慮事項です。

・**所要期間に影響を与える要因は何か：**

例えば、利用可能な資源とその生産性との相関関係を把握しなければなりません。

・**組織には、見積りと予算化に関連する方針、手続き、ガイドラインがあるか：**

経験則だけではなく、ガイドラインが求められますが、それがない場合には計画の最初に作成する必要があります。

・**適応型アプローチを使用する場合、組織はどのようにコストを見積もるか：**

一般的には人件費＋関係する材料やツールのためのコストになります。

・**主要な調達は1回なのか、それともさまざまな納入者がさまざまな時点で関わる複数の調達が存在して調達プロセスがより複雑になるか：**

調達は必要な品目ごとになされますが、ベンダーは1社であったり複数社であったりするので、調達管理が複雑になります。

・**調達活動に関する現地の法規制は、組織の調達方針に統合されているか、これは契約の監査要求事項にどのように影響するのか：**

調達先の規制について熟知していなければなりません。専門家の協力が求められます。

▶▶ プロジェクト作業

- **組織の文化、複雑さ、その他のプロジェクトの要因に基づく、最も効果的なマネジメント・プロセスは何か：**
  これが最も重要で難しい選択になるでしょう。特に適応型を検討する場合には、組織改革が必要になることがあります。トップダウンでの意思決定が求められるでしょう。

- **協働的な作業環境を育むために、知識はプロジェクトにおいて、どのようにマネジメントされるのか：**
  知識の共有化のシステムを構築すべきですが、個々人のマインドセットとして「知識の共有」の重要性を認識することが大切です。「仏を作って魂入れず」では役に立ちません。

- プロジェクトの全期間、およびプロジェクト終了時点でどのような情報を収集すべきか。情報はどのように収集およびマネジメントされるか。情報と作成物を作成、記録、送信、検索、追跡、保存する際にどのような技術が利用できるか：どんなプロジェクトでもコミュニケーション計画が大切です。コミュニケーションの齟齬が無いように共通用語集を策することもひとつのアイデアです。

- **過去の情報や教訓は将来のプロジェクトに利用できるのか：**
  プロジェクト進捗中はプロジェクト内での共有でいいのですが、プロジェクト終結後はその情報をしかるべき箇所に保管して、他のプロジェクトや将来のプロジェクトが参照できるような仕組みを構築する必要があります。

- **組織には、プロジェクト・チームが使用する必要があり、容易に利用できる正式な知識マネジメント・リポジトリがあるか：**
  同上ですが、チーム内では回覧板的な性格を持った、気楽で簡単な仕組みとすべきでしょう。

▶▶ デリバリー

- **組織には、要求事項マネジメント・システムがあるか：**
  そのシステムの構築はビジネスアナリストの役割とされてきましたが、ビジ

ネスアナリストという肩書であろうとなかろうと、事業価値を達成するための標準化された仕組みが求められます。

- **組織には、妥当性確認およびコントロール関連の方針、手続き、ガイドラインが備わっているか：**
プロジェクトごとの妥当性確認のための基準はスコープ記述書に記載しますが、それを含めた管理方針は、スコープ・マネジメント計画書に記載します。それらを標準化して、組織のプロセス資産とすればいいでしょう。

- **組織には、どのような品質の方針と手続きがあるか。組織では、どのような品質に関するツール、技法、テンプレートを使用しているのか：**
組織が ISO9001 の認証を受けている場合は、「全社品質方針」を定義しているので、それをプロジェクトで具現化するようにします。認証を受けていない場合には同様な方針を決めてプロジェクトに反映させるというような手続きがあればいいでしょう。

- **業界で適用する必要がある特定の品質標準があるのか。考慮する必要がある行政上、法的、または規制上の制約があるのか：**
業界の特徴を把握してコンプライアンスを遵守しなければなりません。

- **要求事項が不安定なプロジェクト領域があるのか。それがある場合、不安定な要求事項に対処するための最善の方法は何か：**
ステークホルダーとのコミュニケーションを密にして情報の入手に努めなければなりません。それでも不安定な場合には相応の仕組みとする必要があります。

- **プロジェクトマネジメントまたはプロダクト開発の要素には、持続可能性はどのように考慮されるか：**
持続可能性は、プロジェクトがプロダクトマネジメントの中で行われるのか、あるいはプログラムマネジメントの中で行われるのかによって変わります。

▶▶ 不確かさ

- **リスク選好とリスク許容度はどうか：**
リスクは、プロジェクト・マネジャーだけの判断ではうまくいかないことが

多く、ステークホルダーの選好の影響が大きいものです。

・ **選択した開発アプローチでは、脅威と好機をどのように特定し、対処するのが最適か：**

リスク・マネジメントに関する考え方は基本的には変わりませんが、適応型と予測型では対策の実行の方法が違います。

・ **プロジェクトの複雑さ、技術上の不確かさ、プロダクトの新規性、ケイデンス、進捗状況の追跡は、どのような影響を与えるか：**

複雑さや不確かさを見通して予測型計画に組み込むことは困難です。それよりもケイデンスを守りながら小さく作っていく方法の方が確実でしょう。

・ **予算、所要期間、スコープ、チームの大きさの観点でのプロジェクトの規模によって、さらに詳細なリスク・マネジメントの手法が必要となるか。あるいは簡易なリスク・マネジメント・プロセスのみで対応できるほどプロジェクトは小規模であるか：**

予測型では、困難ではあるけれども、先を見通したリスク・マネジメントが必要ですが、適応型の場合は短期間のイテレーションで作業を完成させるので、リスク・マネジメントは簡単で済みます。

・ **高度な技術革新、新技術、商業的取り決め、インターフェイス、またはその他の外部依存関係によって、堅牢なリスク・マネジメントの取り組みが求められているか。簡易なリクス・マネジメント・プロセスで十分に対応できるほどプロジェクトは単純であるか：**

上記と同様ですが、堅牢な手法が求められている場合は、予測型が合います。

・ **プロジェクトは戦略的にどれだけ重要であるか。ブレークスルーの機会を創出することを目指したり、組織の業績への大きな障害に対処したり、主要なプロダクト革新をもたらしたりすることによって、リスク・レベルは高まっているか：**

リスク・レベルを低くする手法として、フェーズを短期間にしてガバナンスを強化することがあります。これは結局適応型の手法に異なりません。

▶▶ 測定

- **価値はどのように測定するか：**

  事業価値の測定と評価は、ステークホルダー側で行うのが普通です。なぜかというと、そもそも事業価値を決めたのがステークホルダーであり、プロジェクトは、それの達成を支援する役割だからです。とはいってもプロジェクト終結時に、完了報告書にはビジネス・ケースによって求められた目標の達成度合いを記述しなければならないので、測定方法を事前に決めておく必要があります。

- **財務的価値と非財務的価値の尺度はあるか：**

  組織上の定義によるところが大きいのですが、ビジネス・ケースに記載された内容に準じて判断します。

- **プロジェクトの実施中およびプロジェクトの完了後に、ベネフィット実現に関連するデータ収集とレポート作成をどのように実現するか：**

  これも上記と同様で、ビジネス・ケースを基にして、報告の頻度や内容を決めることになります。

- **プロジェクト状況報告への要求事項は何か：**

  これはプロジェクトマネジメント計画作成のときに、補助計画書としてのコミュニケーション・マネジメント計画書に記載します。そのもとはステークホルダーの要求事項です。

▶▶ テーラリングの診断

　プロジェクトがうまく運営されているかどうかについては、レトロスペクティブ（振り返り）や教訓などの定期的なレビューよって判断できます。レトロスペクティブを使用しない場合は、課題、脅威、品質保証の統計データ、ステークホルダーのフィードバックを参照して、さらなるテーラリングや適応が必要であるか、あるいは有用である兆候を見つけることが大切です。

　次に、よくある状況と、その状況に適したテーラリングの例を示します。

成果物の品質が悪い

○ 品質検査からQA（品質保証）へのフィードバック・ループを強化します。

チーム・メンバーが作業の進め方や取り組み方をよく理解していない。

○ 予測型の場合は、トレーニングや指導を強化しますが、適応型の場合は
レトロスペクティブで確認します。

承認待ちで大きな遅れが発生している。

○ スポンサーと相談しながら、承認のための意思決定を行う人のレイヤー
を減らしたりプロセスを改善したりします。

仕掛り作業が多すぎるか、破棄率が高い。

○ バリュー・ストリーム・マッピングやカンバンなどを活用して作業状況の
可視化を図ります。

**ステークホルダーが関与していないか、否定的なフィードバックを共有して
いる。**

○ 単にコミュニケーションの改善だけではなく、ステークホルダーの積極的
な関与のためにエンゲージメント計画を見直します。

プロジェクトの進捗状況が見えにくく、理解しづらい。

○ 現場ではカンバンボードなどを活用しますが、ステークホルダーのため
にはダッシュボード・レポートを活用します。

**チームが対応の準備をしていなかった課題やリスクが継続的に表面化し、そ
れらの対応に追われ、作業を進めることができない。**

○ 根本原因分析を行って、真の原因を把握し、対応すると同時にその改善
が継続するように歯止めをかけます。

▶▶ テーラリングのまとめ

テーラリングでは、アプローチ、ガバナンス、プロセスが、特定の環境や目前の
プロジェクトに適合するように、慎重に適応させる必要があります。

テーラリング・プロセスには、次の四つのステップがあります。

①初期のアプローチの選定

②組織に合わせたテーラリング

③プロジェクトに合わせたテーラリング

④継続的な改善の実施

テーラリング・プロセスはステークホルダーによって行われることが多い一方で、テーラリングの範囲とアプローチは通常、組織のガイドラインによるガバナンスを受けることになります。組織ガバナンスは、チーム間の外部インターフェイスが正しく調和するように支援し、テーラリングの考慮事項という形で指針を提供します。

第12章 テーラリング

COLUMN SL理論を実践するときに注意したいこと

　リーダーシップ理論には古典的なものから近代的なものまでさまざまのものがあります。PMBOKガイドでは状況対応型リーダーシップが推奨されていて、その代表がSL Ⅱ（以下SL理論）でしょう。この理論の実践についての注意事項を紹介します。実は、かく言う筆者の失敗談です。

　SL理論では、対応する相手の成長や成熟度合いに合わせてスタイルを変えるとしています。筆者が管理職になったのは30代はじめの頃で、さまざまな管理職研修を受講しました。その中でも学んだリーダーシップ理論の一つがSL理論でした。それを現場に持ち帰り実践を開始しました。ところが数か月して部下から不満の声が上がってきたのです。曰く「鈴木課長のやり方は不公平だ」と。えっと驚くと同時にその訳をよく聞くともっともな話でした。要するに部下の一人ひとりのスキル・レベルに合わせたマネジメントをしていると、SL理論を知らない部下たちには不公平に感じるというのです。それで急遽全員にSL理論の説明と同時に筆者のやり方を説明したのでした。

　実践するリーダーシップ・スタイルを事前に共有しておかないとチーム形成にはマイナスの影響を及ぼしかねないのです。反省。

APPENDIX

付録

APPENDIX 1　モデル、方法、作成物の概要

APPENDIX 2　PMBOK ガイド第 7 版の付属文書

図解入門
How-nual

APPENDIX 1
モデル、方法、作成物の概要

▶▶ 用語の定義

- **モデル：**

  プロセス、フレームワーク、または現象を説明するための思考戦略
- **方法：**

  成果、アウトプット、所産、プロジェクトの成果物を得るための手段
- **作成物：**

  テンプレート、文書、アウトプット、またはプロジェクトの成果物

　前出したパフォーマンス領域ごとのテーラリングを参照し、具体的な内容を決定し、作業を構造化するフレームワークを構築しなければなりません。

　他のプロセスと同様に、モデル、方法、作成物の使用には、時間、使用する専門知識や熟練のレベル、生産性への影響などに関連するコストが伴います。できるだけ次のものを避けることが大切です。

- 重複なものまたは不必要な作業を付加するもの
- チームとそのステークホルダーには役に立たないもの
- 誤った情報または誤解を招く情報を生成するもの
- チームのニーズよりも個人のニーズに応えるもの

　プロジェクトによく使われるモデルについては、該当する場合には紹介してきましたが、ここでは第7版に紹介されているモデルの名称だけを紹介します。詳細については第7版やインターネット等、その他の情報から学んでください。

- **状況対応型リーダーシップ・モデル**：
  SL Ⅱ、OSCAR
- **コミュニケーション・モデル**：
  異文化コミュニケーション、コミュニケーション・チャネルの有効性、実行における隔たりと評価における隔たり
- **動機付けモデル**：
  衛生要因と動機付け要因、内発的動機付けと外発的動機付け、欲求理論、X 理論 -Y 理論 -Z 理論
- **チェンジ・モデル**：
  組織のチェンジマネジメント、ADKAR、変革を導くための 8 ステップのプロセス、トランジション
- **複雑さのモデル**：
  カネヴィン・フレームワーク、ステイシー・マトリックス
- **プロジェクト・チームの育成モデル**：
  タックマンの成長段階、ドレクスラー／シベットのチーム・パフォーマンス
- **その他のモデル**：
  コンフリクト、交渉、計画、プロセス群、セイリエンス

APPENDIX 2
PMBOKガイド第7版の
付属文書

▶▶ X1　貢献者一覧

省略します。

▶▶ X2　スポンサー

スポンサーの役割にはおおよそ次の事項があります。

- ビジョン、ゴール、期待についてチームに伝達する。
- プロジェクトとチームを積極的に支える。
- 経営層の意思決定を促進する。
- 資源の確保を支援する。
- プロジェクトが常にビジネス目標に沿うようにする。
- 阻害要因を取り除く。
- プロジェクト・チームの権限を越える課題やリスクに対処する。
- プロジェクトで生じた好機を上層部に提示する
- 意図したビジネスのベネフィットを確実に実現するために、終結後にプロジェクトの成果を監視する。

　組織におけるスポンサーの地位と、そこからの視点で、次の領域でチームを支援します。

- **ビジョン：**
  組織のビジョン、プロダクト・ビジョンの伝達
- **事業価値：**
  ビジョンに基づく事業価値の伝達

- **顧客重視**：

  基本的なマインドセットの指導

- **意思決定**：

  タイムリーな意思決定やエスカレーションの支援や、

- **動機付け**：

  ビジョンニングを含め、やりがいや達成感の醸成

- **説明責任**：

  プロジェクトの最終責任者としての支援

　スポンサーが関与しない場合やスポンサーがいないような場合には、上記の支援のメリットが失われます。多数による意思決定の文化では、意思決定の遅れによるプロジェクトの進捗遅れや待っているという無駄が生じます。また複数のスポンサーの場合には、スポンサー間の意識のズレによる問題が発生しやすいものです。これらのことを全体リスクとして捉えておくことも大切です。

　チーム支援のために、スポンサーとして、次のような振る舞いが期待されます。

- **資源**：

  プロジェクト用に資源を獲得する場合に、プロジェクト・マネジャーの要求事項を理解して、組織的に支援する。

- **指針**：

  ビジョンニングは基本的にプロジェクト・マネジャーの役割ですが、プロジェクトの立上げの時点では組織の代表者としての振る舞いが求められます。

- **整合**：

  組織の戦略目標とプロジェクトの成果との整合性を維持するために、プロジェクト・マネジャーと協力して常に最新の状況を共有する。

- **テーラリング**：

  チームとともに、成果を組織のニーズに適応させるためにテーラリングについてプロジェクト・マネジャーを支援する。

- **影響力：**

  プロジェクトの成果を定常業務に移管するときに、組織のステークホルダーと連携し、抵抗が少なくなるようにリーダーシップを発揮する。

- **コミュニケーション：**

  プロジェクト・チームとの切れ目のなく、隠し立てのない、情報交換を行う。

- **パートナー：**

  チームとは上下関係としてではなく、パートナーシップを構築するように働きかける。

- **チェック：**

  組織のガバナンスに関与する立場から、さまざまなコミュニケーションを通じて関与し、チームのクリティカル・シンキングを活性化する。

- **障害物の排除：**

  サーバント・リーダーシップを発揮し、プロジェクト・マネジャーの権限の範囲を超えるような障害を除去する。

▶▶ X3　PMO（プロジェクトマネジメント・オフィス：Project Management Office）

　組織はさまざまな理由でPMOを設置していますが、本来の目的はプロジェクト・マネジャーを支援してプロジェクトの成功に導くことです。期待される役割について、いくつかの例を紹介します。

- プロジェクトマネジメントの指針を提供し、プロジェクト実施方法について一貫性を維持できるように支援します。さらに、プロセスを標準化したり、ビジネスに関する共通認識を深めたりするように働きかけます。
- さまざまなプロジェクトマネジメント活動への支援を行いますが、支援以上に、プロジェクトマネジメント活動への直接的に働きかけます。
- ポートフォリオの監理を担って、ビジネス・ケースの作成、財務資源などの配賦、変更管理などの活動を指揮します。
- 組織体（エンタープライズ）レベルの PMO として、組織の戦略の実施やポートフォリオとしてのプログラムやプロジェクトへの投資を監理します。この

PMO を EPMO（Enterprise-level PMO）と呼びます。

・ アジャイル型を中心とする組織では、アジャイル・センター・オブ・エクセレンス（ACoE：Agile Center of Excellence）や価値実現オフィス（VDO：Value Delivery Office）とも呼ばれる PMO を組織化します。これらの役割は、単に監理というよりも、実務的に責任を持ちます。例えば、コーチング、スキルや能力の開発、あるいはプロダクト・オーナーへの指導などが含まれます。

PMOに求められる主要な能力には、次のものがあります。

・ **実現能力および成果志向の能力の育成：**
　組織におけるプロジェクトマネジメント能力の開発を行います。プロジェクトマネジメントに必要なコンピテンシーを理解し、開発し、応用し、評価できるようにします。

・ **「大局的」視点の維持：**
　強力な PMO は、継続的改善を注視しながらもプロジェクトのパフォーマンスを評価し、特定の成果物の成功よりも組織全体としての成功に注力します。

・ **継続的改善、知識の移転、およびチェンジマネジメント：**
　強力な PMO は、プロジェクトから得られた知識を組織全体で共有するように水平展開します。さらに改革のためのチェンジマネジメントを支援するリーダーシップを発揮します。

PMOの進化

　PMOは、ベネフィット達成のために進化し、次のような活動や役割を期待されています。

・ **重要な施策に注力すること：**
　プロジェクトはすべて重要であるとはいえ、ポートフォリオにおける優先順位付けがなされています。PMO はすべてのプロジェクトの成功を支援しなければなりませんが、プロジェクトの監視役から、上級管理職、業務部門長、

プロダクト・オーナー、およびプロジェクト・チーム間の調整役に移行するように求められています。

- **洗練されたシンプルなプロセスの導入：**
  改革を進めて、ムダを省くように、必要十分なプロセスと実務慣行を確立して、組織能力の適正化を図るように求められています。
- **人材と能力の育成：**
  有能な要員を採用し確保する上で、より積極的な役割を担うことを期待されています。
- **変革の文化を奨励し可能にすること：**
  変化や変革には抵抗が付きものですが、PMO には変革リーダーとしての役割が期待されています。

▶▶ X4　プロダクトマネジメント

ここ近年、プロジェクトマネジメントの概念が変化してきて、従来の、スコープ、スケジュール、コストの目標、あるいは QCD といった目標達成から、プロジェクトの価値と成果の測定へと変わってきています。プロダクトマネジメントは、この価値の見方に整合しているので、それに長期的な観点を加えるようになっています。

PMBOK ガイドでは新しい用語なので、第 7 版に沿って用語を定義します。

- **プロダクト：**
  プロダクトは、生産され、定量化可能で、それ自身で最終生産物あるいはその構成要素となりうる作成物である。
- **プロダクトマネジメント：**
  プロダクトマネジメントは、プロダクトやサービスを作成し、維持し、進化させるために、ライフサイクル全体を通して、人員、データ、プロセス、ビジネス・システムを統合することである。
- **プロダクト・サイクル：**
  プロダクト・ライフサイクルは、概念から提供、成長、成熟、そして撤退に

　至るプロダクトの進展を表現する一連のフェーズである。

グローバル市場の変遷

　次の3項目の傾向が変遷し、ひとつのまとまりとなって「プロダクトマネジメント」を形成するようになってきています。

カスタマーファースト

　　いわゆる「プロダクト・アウト」の考え方から「マーケット・イン」の考え方に移ってきて、組織の構成自体が顧客を中心としたものになって来ています。例えば、多くの組織では、次のような部署が新設されています。

- ○ カスタマー・エクスペリエンス
- ○ カスタマー・バリュー
- ○ カスタマー・リレーションシップ
- ○ カスタマー・ライフサイクル
- ○ カスタマー・ロイヤルティ
- ○ カスタマー・エンゲージメント

ソフトウエアで強化された価値

　　ソフトウエア技術の発展によって、さまざまな付加価値を持つようになり、インターネット上での商取引が一般的になっています。

継続的なデリバリーと支払い

　　商取引も、売り切り・買い切りからサブスクリプションのような形態に変化してきています。

プロジェクトでの成果提供実務への影響

　継続的なデリバリーの傾向が強くなると、提供する側も変わってきます。つまり、顧客志向が強くなり優良顧客の抱え込みなどのために、サポート・チームも永続的な形態にならざるを得なくなっています。要するに単に売り切りの時代のプロダクト・ライフサイクルが、価値提供へ変わることによって、かなり長期間になっているのです。

組織におけるプロダクトマネジメントの考慮事項

　長期にわたるプロダクト・ベースの環境になってくると、プロダクト戦略も変わ

らざるを得ません。例えば、次のような戦略の変化が見られます。

- **永続的チームの確立：**

  プロジェクトは、通常、納品の時点で解散しますが、顧客視点の観点でチームを継続させ、担当プロダクトの維持と進展を任せます。

- **漸進型のガイダンスと資金調達の利用：**

  予測型では、事前に総予算を決めておく必要がありますが、漸進型の場合は最終的に必要となる予算総額を決めることが出来ません。そこで四半期単位のように短期間での予算設定をして細かく調整していきます。要するに資金調達にも柔軟性が求められるのです。

- **プログラムマネジメントの活用：**

  永続的なチーム構成で顧客対応する場合には、各種活動を構成要素としたプログラム構成とすると、カスタマーファースト全体をマネジメントしやすいものです。つまり「プログラムマネジメント」を実施することになります。

索 引
I N D E X

アルファベット

AC	165
BRM	35
COQ	145
CPI	166
CV	165
EAC	169
EI	84
EMV	187
ERM	149
ETC	169
FDD	29
ISO9000	48
Keep	129
KPI	157
KPT	128
NPS	167
NPV	167
OSCARモデル	88
PDCA	148
PDSA	148
PMBOKガイド	18
PMO	65,218
PoC	189
PPP	37
Problem	129
QA	48
QC	48
QCD	13,18
RFI	124
RFP	124
RFQ	125
ROI	167,187
SLⅡ	88
SL理論	88
SMART	158
SME	22
SPI	164
Sカーブ	110
TCPI	171
Try	129
VAC	170
WBS	20,138
X理論	90
Y理論	90
Z理論	90

ア行

アーンド・バリュー法	163
曖昧さ	182
アクティビティ	18
アジャイル型	13,29
アジャイル実務ガイド	26
暗黙知	130
育成	78
育成モデル	91
意思決定	85
依存関係	105
一方向の意思決定	86
逸脱要素	78
一点見積り	100
イテレーション	183

索引

委任契約・・・・・・・・・・・・・・・・・・・ 126
異文化コミュニケーション・・・・・・・ 89
因果関係・・・・・・・・・・・・・・・・・・・ 176
ウォーターフォール型・・・・・・・ 13,32
受入基準・・・・・・・・・・・・・・・・・・・ 141
請負契約・・・・・・・・・・・・・・・・・・・ 126
衛生要因・・・・・・・・・・・・・・・・・・・ 89
エスカレーション・・・・・・・・ 186,188
エンゲージメント
・・・・・・・・・・・・23,44,68,184,197
エンパワーメント・・・・・・・・・・・ 46,82
オーナーシップ・・・・・・・・・・・・・・・ 76
オーナーシップの共有・・・・・・・・・・ 82
オープンなコミュニケーション・・・・ 82

カ行

回帰分析・・・・・・・・・・・・・・・・・・・ 171
ガイダンス・・・・・・・・・・・・・・・・・・ 79
概念検証・・・・・・・・・・・・・・・・・・・ 189
開発・・・・・・・・・・・・・・・・・・・・・・・ 14
開発アプローチ・・・・・・・58,196,204
開発アプローチ・パフォーマンス領域
・・・・・・・・・・・・・・・・・・・・・・・・・57
開発手法・・・・・・・・・・・・・・・・・・・ 48
外発的動機付け・・・・・・・・・・・・・・ 89
回避・・・・・・・・・・・・・・・・・・・・・・ 186
外部依存関係・・・・・・・・・・・・・・・ 106
回復力・・・・・・・・・・・・・・・・・・ 50,82
外部不良・・・・・・・・・・・・・・・・・・・ 147
学習・・・・・・・・・・・・・・・・・・・・・・ 128
確証バイアス・・・・・・・・・・・・・・・・ 175
拡張版・・・・・・・・・・・・・・・・・・・・・ 24
確定見積り・・・・・・・・・・・・・・・・・・ 98

確率論的見積り・・・・・・・・・・・・・ 100
価値・・・・・・・・・・・・・・・ 37,45,135
活動結果・・・・・・・・・・・・・・・・・・・ 94
活動領域・・・・・・・・・・・・・・・・・ 40,52
活用・・・・・・・・・・・・・・・・・・・・・・ 188
カネヴィン・フレームワーク・・・・・ 63
可変時間作業・・・・・・・・・・・・・・・ 108
考え方・・・・・・・・・・・・・・・・・・・・・ 13
感情的知性・・・・・・・・・・・・・・・・・ 84
完成時差異・・・・・・・・・・・・・・・・・ 170
完成時総コスト見積り・・・・・・・・・ 169
カンバン方式・・・・・・・・・・・・・・・・ 30
完了基準・・・・・・・・・・・・・・・・・・・ 141
完了目標・・・・・・・・・・・・・・・・・・・ 142
管理領域・・・・・・・・・・・・・・・・・・・ 18
企業活動・・・・・・・・・・・・・・・・・・・ 35
技術的なパフォーマンス尺度・・・・ 142
規則化・・・・・・・・・・・・・・・・・・・・・ 14
期待金額価値・・・・・・・・・・・・・・・ 187
義務化・・・・・・・・・・・・・・・・・・・・・ 14
脅威・・・・・・・・・・・・・・・・・ 181,186
強化・・・・・・・・・・・・・・・・・・・・・・ 188
教訓・・・・・・・・・・・・・・・・・・・・・・ 121
強制依存関係・・・・・・・・・・・・・・・ 105
協働・・・・・・・・・・・・・・・・・・・・ 43,82
業務慣行・・・・・・・・・・・・・・・・・・・ 12
共有・・・・・・・・・・・・・・・・・・・・・・ 188
クラッシング・・・・・・・・・・・・・・・・ 104
クリープ・・・・・・・・・・・・・・・・・・・ 143
グリッド分析・・・・・・・・・・・・・・・・ 71
クリティカル・シンキング・・・・・・ 83
グループでの意思決定・・・・・・・・・ 86
グルーミング・・・・・・・・・・・・・・・・ 143

計画・・・・・・・・・・・・・・・・・・・97,205
計画駆動型・・・・・・・・・・・・・・・・・13
計画パフォーマンス領域・・・・・・・・95
計画変数・・・・・・・・・・・・・・・・・・・97
軽減・・・・・・・・・・・・・・・・・・・・186
形式知・・・・・・・・・・・・・・・・・・・130
ケイデンス・・・・・・・・・・・・・・・・・58
契約・・・・・・・・・・・・・・・・・・・・125
ゲート・レビュー・・・・・・・・・・・・・32
決定論的見積り・・・・・・・・・・・・・100
ケネス・トーマスとラルフ・キルマン
・・・・・・・・・・・・・・・・・・・・・・・・93
限界分析・・・・・・・・・・・・・・・・・145
権限移譲・・・・・・・・・・・・・・・・・・46
原理・原則・・・・・・・・・・・40,42,53
好機・・・・・・・・・・・・・・・・・・・・188
格子分析・・・・・・・・・・・・・・・・・・71
構成・・・・・・・・・・・・・・・・・・・・・40
肯定的・・・・・・・・・・・・・・・・・・・81
コスト・ベースライン・・・・・・・・・111
コスト効率指数・・・・・・・・・・・・・166
コスト差異・・・・・・・・・・・・・・・165
固定時間作業・・・・・・・・・・・・・・108
個別リスク・・・・・・・・・・・・・・・185
コミュニケーション・・・・・・・・72,113
コミュニケーション・チャネル・・・・89
コミュニケーション・モデル・・・・・89
コラボレーション・・・・・・・・・・・・43
コロケーション・・・・・・・・・・・・112
コンティンジェンシー予備・・・・・・189
コンフリクト・マネジメント・・・・・86
コンフリクト・モデル・・・・・・・・・・93
コンフリクト対処法・・・・・・・・・・・93

サ行

サービス・・・・・・・・・・・・・・・・・・61
サイクル・タイム・・・・・・・・・・・161
作業工数・・・・・・・・・・・・・・・・・108
作成物・・・・・・・・・・・・・・・・・・214
三角分布・・・・・・・・・・・・・・・・・100
残作業効率指数・・・・・・・・・・・・・171
残作業見積り・・・・・・・・・・・・・・169
暫定スケジュール・・・・・・・・・・・106
三点見積法・・・・・・・・・・・・・・・100
支援・・・・・・・・・・・・・・・・・・・・81
仕掛り作業・・・・・・・・・・・・・・・160
士気・・・・・・・・・・・・・・・・・・・・168
士気喪失・・・・・・・・・・・・・・・・・175
事業価値・・・・・・・・・・・・・・・・・166
事業価値実現・・・・・・・・・・・・・・・35
事業価値実現化サイクル・・・・・・・・35
自己管理・・・・・・・・・・・・・・・・・・85
自己認識・・・・・・・・・・・・・・・・・・85
システム・・・・・・・・・・・・・・・・・・45
次善の成果・・・・・・・・・・・・・・・149
実コスト・・・・・・・・・・・・・・・・・165
実装・・・・・・・・・・・・・・・・・・・・33
シミュレーション・・・・・・・・・・・183
尺度・・・・・・・・・・・・・・・・・・・・155
集権型マネジメント・・・・・・・・・・・77
重要業績評価指標・・・・・・・・・・・157
従来型・・・・・・・・・・・・・・・・・・・13
祝福・・・・・・・・・・・・・・・・・・・・81
受動的受容・・・・・・・・・・・・・・・187
守破離・・・・・・・・・・・・・・・・・・・30
受容・・・・・・・・・・・・・・・・187,189
順序設定・・・・・・・・・・・・・・・・・103

索引

情報提供依頼書・・・・・・・・・・・・・・・ 124
情報適応型リーダーシップ・モデル
・・・・・・・・・・・・・・・・・・・・・・・・・・・・88
正味現在価値・・・・・・・・・・・・・・・ 167
奨励・・・・・・・・・・・・・・・・・・・・・ 78
所産・・・・・・・・・・・・・・・・・・・・・ 61
所要時間・・・・・・・・・・・・・・・・・ 108
進捗管理・・・・・・・・・・・・・・・・・・・ 33
浸透コミュニケーション・・・・・・・ 112
信頼・・・・・・・・・・・・・・・・・・・・・ 82
信頼度・・・・・・・・・・・・・・・・・・・ 100
スキル・・・・・・・・・・・・・・・・・・・・ 83
スクラム・・・・・・・・・・・・・・24,30,59
スケジューリング・プロセス・・・・ 102
スケジュール・・・・・・・・・・・・・・・ 102
スケジュール効率指数・・・・・・・・・ 164
スケジュール差異・・・・・・・・・・・・ 163
スコープ・・・・・・・・・・・・・・・・・・ 138
スコープ・クリープ・・・・・・・・・・・ 143
スコープ・ベースライン・・・・・・・ 139
スコープ定義・・・・・・・・・・・・・・・ 138
スコープの要素分解・・・・・・・・・・・ 139
スチュワード・・・・・・・・・・・・・・・ 42
スチュワードシップ・・・・・・・・・・・ 43
ステイシー・マトリックス・・・・・・・ 63
ステークホルダー・・・・・・68,167,203
ステークホルダー・パフォーマンス領域
・・・・・・・・・・・・・・・・・・・・・・・・・・・67
ステークホルダー・マネジメント
・・・・・・・・・・・・・・・・・・・・・・・・・・・69
ステークホルダー関与度マトリックス
・・・・・・・・・・・・・・・・・・・・・・・・・・・72
スプリント・・・・・・・・・・・・・・・・・ 59

スプリント計画・・・・・・・・・・・・・・ 106
スポンサー・・・・・・・・・・・・・・・・・ 216
スループット分析・・・・・・・・・・・・ 171
正確さ・・・・・・・・・・・・・・・・・・・・ 99
成果物・・・・・・・・・・・・ 23,37,135
整合・・・・・・・・・・・・・・・・・・・・ 116
成功事例・・・・・・・・・・・・・・・・・ 12
誠実さ・・・・・・・・・・・・・・・・・・・ 80
成長・・・・・・・・・・・・・・・・・・・・・ 79
精密さ・・・・・・・・・・・・・・・・・・・ 99
制約条件・・・・・・・・・・・・・・・・・ 121
責任・・・・・・・・・・・・・・・・・・・・・ 79
絶対的見積り・・・・・・・・・・・・・・ 101
先行指標・・・・・・・・・・・・・・・・・ 157
漸進型・・・・・・・・・・・・・・・・・ 60,98
全体最適管理・・・・・・・・・・・・・・・ 18
全体リスク・・・・・・・・・・・・・・・・ 185
全体を統合する活動・・・・・・・・・・・ 54
戦略・・・・・・・・・・・・・・・・・・・・・ 36
相関関係・・・・・・・・・・・・・・・・・ 176
相対的見積り・・・・・・・・・・・・・・ 101
双方向型・・・・・・・・・・・・・・・・・・ 72
ソーシャル・スキル・・・・・・・・・・・ 85
ソーシャル認識・・・・・・・・・・・・・・ 85
阻害要因・・・・・・・・・・・・・・・・・・ 78
測定・・・・・・・・・・・・・・・・・・・・ 209
測定パフォーマンス領域・・・・・・・ 153
組織・・・・・・・・・・・・・・・・・・・・・ 62
組織改革・・・・・・・・・・・・・・・・・・ 51
組織戦略・・・・・・・・・・・・・・・ 36,38
率先垂範・・・・・・・・・・・・・・・・・・ 80
ソフトウェア拡張版・・・・・・・・・・・ 24
尊重・・・・・・・・・・・・・・・・・・・・・ 80

タ行

第1版 ・・・・・・・・・・・・・・・・・・ 18
第2版 ・・・・・・・・・・・・・・・・・・ 19
第3版 ・・・・・・・・・・・・・・・・・・ 21
第4版 ・・・・・・・・・・・・・・・・・・ 22
第5版 ・・・・・・・・・・・・・・・・・・ 23
第6版 ・・・・・・・・・・・・・・・・・・ 25
第7版 ・・・・・・・・・・・・・・・・・・ 27
対象読者 ・・・・・・・・・・・・・・・・ 16
代替案分析 ・・・・・・・・・・・・・・ 184
タイムボックス ・・・・・・・・・・ 64,107
タスク・ボード ・・・・・・・・・・・・ 173
タックマン・モデル ・・・・・・・・・・ 91
タックマンの成長段階 ・・・・・・・・・ 91
ダッシュボード ・・・・・・・・・・・・ 172
達成能力 ・・・・・・・・・・・・・・・・ 37
多様性 ・・・・・・・・・・・・・・・・・ 183
ダン ・・・・・・・・・・・・・・・・・・ 142
ダン・ドリフト ・・・・・・・・・・・・ 143
短縮技法 ・・・・・・・・・・・・・・・ 104
単点見積り ・・・・・・・・・・・・・・ 100
チーム ・・・・・・・・・・・・・・・・・ 30
チーム・パフォーマンス・モデル・・ 92
チーム・パフォーマンス領域 ・・・・・ 75
チーム形成 ・・・・・・・・・・・・・・ 44
チーム憲章 ・・・・・・・・・・・・・・ 79
チームの意思決定 ・・・・・・・・・・・ 86
チーム文化 ・・・・・・・・・・・・・・ 80
チェンジ・マネジャー ・・・・・・・・・ 51
遅行指標 ・・・・・・・・・・・・・・・ 158
知識エリア ・・・・・・・・・・・・・・ 18
調達 ・・・・・・・・・・・・・・ 114,123
調達マネジメント ・・・・・・・・・・ 124

ツール ・・・・・・・・・・・・・・・・ 197
提案依頼書 ・・・・・・・・・・・・・・ 124
定性的指標 ・・・・・・・・・・・・・・ 157
定性的予測 ・・・・・・・・・・・・・・ 169
定量的指標 ・・・・・・・・・・・・・・ 157
定量的予測 ・・・・・・・・・・・・・・ 169
テーラリング ・・・・・・・・・・・ 47,194
テーラリング・プロセス ・・・・・・・ 198
デカップリング ・・・・・・・・・・・・ 183
適応型 ・・・・・・・・・・・・・・・・ 13
適応力 ・・・・・・・・・・・・・・・ 50,82
適合性フィルター ・・・・・・・・・・ 198
適合のコスト ・・・・・・・・・・・・・ 148
デザイン ・・・・・・・・・・・・・・・ 33
デスマーチ ・・・・・・・・・・・・ 18,29
デリバリー ・・・・・・・・ 98,160,206
デリバリー・ケイデンス ・・・・・・・ 58
デリバリー・パフォーマンス領域
・・・・・・・・・・・・・・・・・・・ 133
転嫁 ・・・・・・・・・・・・・・・・・ 186
動機付け ・・・・・・・・・・・・・・・ 84
動機付けモデル ・・・・・・・・・・・・ 89
動機付け要因 ・・・・・・・・・・・・・ 89
透明性 ・・・・・・・・・・・・・・・・ 80
トリプル・ボトムライン ・・・・・・・ 97
ドレクスラーとシベット ・・・・・・・ 92

ナ行

内発的動機付け ・・・・・・・・・・・・ 89
内部依存関係 ・・・・・・・・・・・・・ 106
内部不良 ・・・・・・・・・・・・・・・ 146
日本語版 ・・・・・・・・・・・・・・・ 18
入札プロセス ・・・・・・・・・・・・・ 124

任意依存関係・・・・・・・・・・・・・・・・・ 106
人間関係・・・・・・・・・・・・・・・・・ 76
人間関係のスキル・・・・・・・・・・・・ 84
認知・・・・・・・・・・・・・・・・・・・・ 82
ネット・プロモーター・スコア
・・・・・・・・・・・・・・・・・・・・・・ 167
ネットワーク図・・・・・・・・・・・・・・ 104
能動的受容・・・・・・・・・・・・・・・・・ 187
能力開発・・・・・・・・・・・・・・・・・ 78

ハ行

バーチャル・・・・・・・・・・・・・・・・・ 113
パート1 ・・・・・・・・・・・・・・・・・・42
パート2 ・・・・・・・・・・・・・・・・・・52
バーン・チャート・・・・・・・・・・・・ 173
バーンアップ・チャート・・・・・・・ 174
バーンダウン・チャート・・・ 155,174
ハイブリッド型・・・・・・・・・・・・・・・60
バグ曲線・・・・・・・・・・・・・・・・・・ 160
派遣契約・・・・・・・・・・・・・・・・・・ 126
バニティ・メトリックス・・・・・・・ 175
パフォーマンス・・・・・・・・・・・76,154
パフォーマンス・エリア・・・・・・・・・52
パフォーマンス領域・・・・・・・・・・・54
バランス・・・・・・・・・・・・・・・・・・ 183
バリュー・ストリーム・マッピング
・・・・・・・・・・・・・・・・・・・・・・ 163
反復・・・・・・・・・・・・・・・・・・・・・59
反復型・・・・・・・・・・・・・・・・・・・・98
比較・・・・・・・・・・・・・・・・・・・・41
引き出し・・・・・・・・・・・・・・・・・ 136
ビジネス・ケース・・・・・・・・・・・・・64
ビジネスアナリシス・・・・・・・・・・・・37

ビジュアル・コントロール・・・・・・ 173
ビジョン・・・・・・・・・・・・・・・・・・78
ビジョンの確立・・・・・・・・・・・・・・83
評価・・・・・・・・・・・・・・・・・・・ 146
標準化・・・・・・・・・・・・・・・・・・・14
費用対効果・・・・・・・・・・・・・・・ 167
品質・・・・・・・・・・・・・・・・48,144
品質管理・・・・・・・・・・・・・・・・・・48
品質検査・・・・・・・・・・・・・・・・・・32
品質コスト・・・・・・・・・・・・ 145,148
品質尺度・・・・・・・・・・・・・・・・・・48
品質保証・・・・・・・・・・・・・・・・・・48
ファスト・トラッキング・・・・・33,104
フィーチャー完了率・・・・・・・・・・ 165
フィーチャー駆動開発・・・・・・・・・・29
フェイルセーフ・・・・・・・・・・・・・ 184
複雑さ・・・・・・・・・・・・・・・・49,183
不確かさ・・・・・・・・・・・・・ 181,207
不確かさパフォーマンス領域・・・・ 179
プッシュ型・・・・・・・・・・・・・・・・・72
物的資源・・・・・・・・・・ 114,123,166
不適合のコスト・・・・・・・・・・・・・ 148
プランニング・ポーカー・・・・・・・ 101
プル型・・・・・・・・・・・・・・・・・・・72
ブルックスの法則・・・・・・・・・・・ 109
プレシデンス・ダイアグラム法・・ 103
振れ幅・・・・・・・・・・・・・・・・・・・98
プログラム・・・・・・・・・・・・・・・・・36
プロジェクト・・・・・・・・ 35,36,45,61
プロジェクト・チーム
・・・・・・・・・・・・・・・・・ 77,112,204
プロジェクト・プロセス・・・・・・・ 120
プロジェクト・マネジャー・・・・・・・77

プロジェクト・ライフサイクル・・・・58
プロジェクト・リスク・・・・・・・・・ 181
プロジェクト作業・・・・・・・・・・・・ 206
プロジェクト作業パフォーマンス領域
・・・・・・・・・・・・・・・・・・・・・・・ 119
プロジェクト遅延対策・・・・・・・・・ 109
プロジェクト標準・・・・・・・・・・・・ 14
プロジェクトマネジメント・チーム
・・・・・・・・・・・・・・・・・・・・・・・77
プロジェクトマネジメント
知識体系ガイド・・・・・・・・・・・・・・52
プロジェクトマネジメント標準・・・・ 42
プロジェクト予算編成・・・・・・・・・ 112
プロセス・・・・・・・・・・・・・・・・・・・ 196
プロダクト・・・・・・・・・・・・・・・・・・・ 61
プロダクトマネジメント・・・・・・・ 220
分散型マネジメント・・・・・・・・・・・77
ベータ分布・・・・・・・・・・・・・・・ 100
ベネフィット・・・・・・・・・・・・・・・36
ベネフィット実現化マネジメント
・・・・・・・・・・・・・・・・・・・・・・・35
ベロシティ・・・・・・・・・・・・・・・・ 162
変革・・・・・・・・・・・・・・・・・・・・・・51
変更・・・・・・・・・・・・・・・・・・・・・ 115
変更コスト・・・・・・・・・・・・・・・・ 148
変動性・・・・・・・・・・・・・・・・・・・ 184
方法・・・・・・・・・・・・・・・・・・・・・ 214
ホーソン効果・・・・・・・・・・・・・・・ 174
ポートフォリオ・・・・・・・・・・・・・・36

マ行

マネジメント・・・・・・・・・・・・・・・ 14
マネジメント予備・・・・・・・・・・・・ 189

マネジメント領域・・・・・・・・・・・・・・ 42
マネジリアル・グリッド・・・・・・・・・ 47
見積り・・・・・・・・・・・・・・・・・・・・・ 98
見積依頼書・・・・・・・・・・・・・・・・・ 125
ムード・チャート・・・・・・・・・・・・ 167
メトリックス・・・・・・・・ 48,115,155
目標・・・・・・・・・・・・・・・・・・ 36,78
モデル・・・・・・・・・・・・・・・・・・・ 214
モンテカルロ法・・・・・・・・・・・・・・ 101

ヤ行

役割・・・・・・・・・・・・・・・・・・・・・・ 79
勇気・・・・・・・・・・・・・・・・・・・・・・ 81
優先順位・・・・・・・・・・・・・・・・・・・ 98
豊かさ・・・・・・・・・・・・・・・・・・・・ 89
要求事項・・・・・・・・・・・・・・・・・・ 135
要求事項収集・・・・・・・・・・・・・・・ 22
要求マネジメント・・・・・・・・・・・ 137
要求理論・・・・・・・・・・・・・・・・・・ 89
要件定義・・・・・・・・・・・・・・・・・・ 33
用語・・・・・・・・・・・・・・・・・・・・・ 13
予算・・・・・・・・・・・・・・・・・・・・・ 110
予測・・・・・・・・・・・・・・・・・・・・・ 169
予測型・・・・・・・・・・・・・・・・・ 13,98
予備・・・・・・・・・・・・・・・・・・・・・ 184
予防・・・・・・・・・・・・・・・・・・・・・ 146

ラ行

ライフサイクル・・・・・・・・・ 196,204
ラグ・・・・・・・・・・・・・・・・・・・・・ 105
リーダーシップ・・・・・・・・・・・・・・ 46
リーダーシップ・スタイル・・・・・・・ 87
リード・・・・・・・・・・・・・・・・ 46,105

リード・タイム・・・・・・・・・・・・・・・ 160

リードとラグ・・・・・・・・・・・・・・・・・ 104

リーン生産方式・・・・・・・・・・・・・・ 120

理解の共有・・・・・・・・・・・・・・・・・・ 82

離職率・・・・・・・・・・・・・・・・・・・・・・ 168

リスク・・・・・・・・・・・・・・・・・・・・・ 185

リスク・バーンダウン・チャート

・・・・・・・・・・・・・・・・・・・・・・・・・・ 174

リスク・レビュー・・・・・・・・・・・・ 189

リスク対応・・・・・・・・・・・・・・・・・・ 49

リスク登録簿・・・・・・・・・・・・・・・・ 50

リッチネス・・・・・・・・・・・・・・・・・・ 89

リリース計画・・・・・・・・・・・・・・・ 106

累積フロー図・・・・・・・・・・・・・・・ 156

例外計画・・・・・・・・・・・・・・・・・・・ 176

歴史・・・・・・・・・・・・・・・・・・・・・・・・ 18

レトロスペクティブ・・・・31,121,128

論理的順序関係・・・・・・・・・・・・・・ 103

ワ行

ワーク・・・・・・・・・・・・・・・・・・・ 18,139

ワーク・ブレークダウン・

ストラクチャー・・・・・・・・・・・・・ 138

ワークパッケージ・・・・・・・・・・・・ 139

著者プロフィール

鈴木　安而（すずき　やすじ）

　日本アイ・ビー・エム、アドビシステムズを経てPMアソシエイツ株式会社（PMI認定トレーニング・パートナー）を設立し、プロジェクトマネジメント関係の研修・教育事業を手掛ける。PMBOKガイド第4版から第7版までの翻訳・監訳を担当し、PMBOKガイドの第一人者と言われる。

　CAPM、PMP、PMI-ACP、DASM資格保持、PMI会員

　趣味：ゴルフ、アマチュア無線（JA1IHD）

●主な著書
・「図解入門よくわかる最新PMBOKの基本と要点」（秀和システム）
・「図解入門よくわかる最新PMBOK第5版の基本」（秀和システム）
・「図解入門よくわかる最新PMBOK第6版の基本」（秀和システム）
・「図解入門よくわかる最新プロジェクトマネジメントの基本」（秀和システム）
・「PMP試験対策テキスト＆問題集」（秀和システム）
・「PMP試験対策テキスト＆問題集2016年度新試験対応」（秀和システム）
・「PMPパーフェクトマスター」（評言社）
・「伝説のPMがおしえる私のいちおしプロジェクト」（評言社）
・「図解でわかるアジャイル・プロジェクトマネジメント」（SCC）
・「ソフトウエアテストと導入・移行」（SCC）
・「PMP完全攻略テキスト」（翔泳社）

参考文献

・「PMBOKガイド第7版」（PMI）
・「PMBOKガイド第6版」（PMI）
・「アジャイル実務ガイド」（PMI）
・「デスマーチ第2版」（エドワード・ヨードン、日経BP）
・「知識創造企業」（野中郁次郎＋竹内弘高、東洋経済新聞社）
・「サーバントリーダーシップ」（ロバート・K・グリーンリーフ、英治出版）

図解入門 よくわかる 最新
PMBOK第7版の活用

| 発行日 | 2023年 9月29日 | 第1版第1刷 |
| | 2024年 7月18日 | 第1版第3刷 |

著 者　鈴木　安而

発行者　斉藤　和邦
発行所　株式会社　秀和システム
　　　　〒135-0016
　　　　東京都江東区東陽2-4-2　新宮ビル2F
　　　　Tel 03-6264-3105（販売）Fax 03-6264-3094
印刷所　三松堂印刷株式会社

©2023 Yasuji Suzuki　　　　　　　　　Printed in Japan

ISBN978-4-7980-6903-6 C2034